Dans un quartier de Paris

Dans un quartier de Paris

Teacher's Guide

Gilberte Furstenberg

Sabine Levet

Yale University Press

New Haven & London

Major funding for *Dans un quartier de Paris* was provided by the Annenberg/CPB Projects, with additional funding from the Florence J. Gould Foundation, the National Endowment for the Humanities, the Consortium for Language Learning and Teaching, and the French Ministry of Culture.

Dans un quartier de Paris was created by the Laboratory for Advanced Technology in the Humanities at the Massachusetts Institute of Technology. This application was created using SuperCard.

Set in Didot and Fournier types by Running Feet Books, Morrisville, North Carolina. Printed in the United States of America by Automated Graphic Systems, White Plains, Maryland.

Library of Congress Cataloging-in-Publication Data
Dans un quartier de Paris [computer file] / project director, Gilberte Furstenberg ; executive producer, Janet H. Murray ; interactive documentary producer, Michael Roper. — Version 1.0. 1 computer laser optical disc ; 4¾ in. + 1 teacher's guide.
System requirements: Macintosh 68040 or PowerPC; 6MB RAM; System 7.0 or later; QuickTime 2.5 or later; double-speed CD-ROM drive; 11MB free hard disk space.
In English and French.
Title from title screen.
Ed. statement from disc label.
Audience: French students at all levels.
SUMMARY: Introduces the user to the language and culture of France through the exploration of a neighborhood in Paris. Features video interviews of residents and tours of the streets, shops, and cafes. Includes maps, a guidebook, and linguistic aids.
ISBN 0–300–07847–1 (CD-ROM)
ISBN 0–300–07849–8 (teacher's guide)
ISBN 0–300–07850–1 (student activities workbook)
1. Marais (Paris, France)—Social life and customs. 2. Paris (France)—Social life and customs—20th century. 3. Streets—France—Marais (Paris)—Tours. 4. French language—Study and teaching. I. Furstenberg, Gilberte.
DC752.M37 <1999 00607> <MRC>
448.3—dc13   99-26721
                                                                          CIP

A catalogue record for this book is available from the British Library.

The paper in this book meets the guidelines for permanence and durability of the Committee on Production Guidelines for Book Longevity of the Council on Library Resources.

10 9 8 7 6 5 4 3 2 1

Contents

System Requirements and Installation Instructions   1

How to Use *Dans un quartier de Paris*   3

Introduction. *Dans un quartier de Paris:* Un documentaire interactif   21

Les activités   24

Niveaux suggérés des activités et travail préalable   28

Activité 1A	Activité sur plan	31
Activité 1B	Le plan du quartier à travers ses habitants	34
Activité 2A	Au fil du nom des rues I	38
Activité 2B	Au fil du nom des rues II	41
Activité 3A	Des chiffres, des lettres, et des couleurs	47
Activité 3B	Les différents commerces d'une rue	51
Activité 4A	A la découverte du quartier: Ses lieux et ses gens I	55
Activité 4B	A la découverte du quartier: Ses lieux et ses gens II	58
Activité 5A	J'achète des cadeaux!	62
Activité 5B	Je rapporte des souvenirs!	65
Activité 6A	Des carnets d'adresses à remplir	68
Activité 6B	Des carnets d'adresses personnalisés	72
Activité 7A	Des photos: Mon Paris à moi	76
Activité 7B	Des photos: Le Paris des Parisiens	80
Activité 8A	Une course au trésor	83
Activité 8B	Dans la malle au trésor	91
Activité 9A	Les gens du quartier: Leur histoire personnelle I	94
Activité 9B	Les gens du quartier: Leur histoire personnelle II	97
Activité 10A	Le guide des commerces I	101
Activité 10B	Le guide des commerces II	106
Activité 11A	Travailler à Paris: Où? Et avec qui? I	110
Activité 11B	Travailler à Paris: Où? Et avec qui? II	113

Activité 12A	Les attitudes des habitants et des commerçants vis-à-vis de leur quartier	117
Activité 12B	Les attitudes des habitants et des commerçants vis-à-vis de l'évolution de leur quartier	121
Activité 13A	Des expressions, des regards, et des gestes qui en disent long I	128
Activité 13B	Des expressions, des regards, et des gestes qui en disent long II	132
Activité 14	Qu'est-ce qui a changé?	137
Activité 15	Une journée dans le quartier: Ma visite guidée et mes adresses secrètes	143
	Transcription des interviews	145

System Requirements and Installation Instructions

System Requirements

Apple Macintosh 68040 or Power PC

Mac OS 7.0 or higher

2X CD-ROM drive

6 MB free RAM

11 MB hard disk space

Virtual Memory turned off (recommended)

Personal File Sharing turned off (recommended)

Installation
Instructions

Step 1. Turn on your computer and insert the *Dans un quartier de Paris* CD-ROM in the CD-ROM drive and close the drive drawer. Click on the CD-ROM icon to open a window showing the CD-ROM's contents. Find the Installer on the CD and double-click it to install the *Dans un quartier de Paris* application, helper files, and all the extensions needed to run the software on your hard disk. When you are asked for a location for the *Dans un quartier de Paris* folder, select your hard disk. Click *Continue* to proceed with the installation when that dialog box appears on the screen.

The following extensions will be installed (unless a newer version of QuickTime is already installed on your machine): QuickTime™ 2.5; QuickTime™ PowerPlug 2.5; QuickTime™ Musical Instruments 2.5; and Glossary media handler 1.0. The Control Panel for QuickTime™ 2.5 will also be installed. The following files will be installed in your *Dans un quartier de Paris* folder: *Dans un quartier de Paris* application; St. Gervais Utilities; Toolkit Utilities; MoviePlayer 2.5; and Read me first.

Step 2. If your computer does not restart automatically upon successful installation of the software, you will need to restart it to begin using *Dans un quartier de Paris.*

Note: You will need to run the Installer only once. After running it, you may close the window containing the Installer.

Step 3. For smoothest playback of the QuickTime movies, turn off Virtual Memory in the Memory control panel, and turn off programs that run in the background, like File Sharing.

Step 4. You can start the *Dans un quartier de Paris* application by double-clicking on the icon. In order to run the application, you must have the *Dans un quartier de Paris* CD-ROM in your computer's CD-ROM drive. Otherwise, QuickTime movies will not play properly.

How to Use *Dans un quartier de Paris*

When you first double-click the program icon, you will see a map of Paris, a photo of a street lantern, and buttons labeled *ENTRER* and *GÉNÉRIQUE*. Click on the photo to start and a video screen appears. You can then click the video to start a short video introduction to the program.

After the introduction is over, click *ENTRER*.

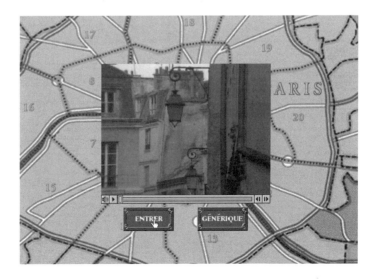

This will take you into the *quartier.*

If you click the other button, *GÉNÉRIQUE,* this will show you the credits.

Exploring the *quartier*

You can explore the quartier in two ways:

—by using the main map (the *Plan*), which you see when you first enter the program.

—by using the guide (the *Guide*), which you see at the bottom right of your screen.

The *Plan* allows you to discover the materials on your own. The *Guide* provides you with more structured information, listing the places and people you can visit. Both the *Plan* and the *Guide* eventually lead you to the same information. Wherever you go in the program, you can always go to the main *Plan,* the detailed maps, the main *Guide,* and the *Glossary* by pulling down the menu under *Windows* on your computer screen and selecting one of the choices.

The *Plan du quartier*

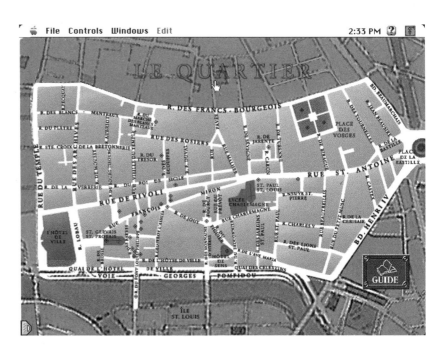

As you will see, the plan contains several dots. Place your cursor on any of these dots and a small balloon will tell you what that dot represents (either a place or a person to visit).

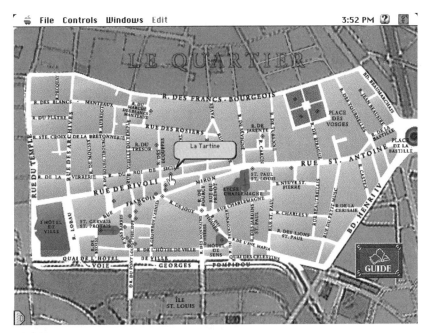

To go to that place or meet that person, double-click on that dot. You will then see a more detailed map of that place or person's area, and other nearby places and people, with your choice highlighted.

Ex: If you click on *La Tartine,* on the rue de Rivoli to the left of center on the main map, two windows will open.

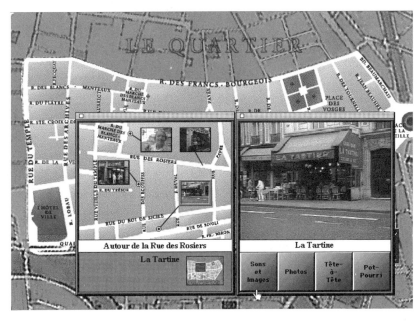

The left window shows you a sub-map with the La Tartine icon highlighted. This sub-map also shows you the other places or people in that area, which you can access directly by clicking on those pictures.

If you are in a sub-map and want to go back to the main *Plan,* just click on the red icon on the bottom left-hand side of the screen or go to the pull-down menu at the top of the computer screen and click on *Plan général du quartier*.

The right window shows you the choices for La Tartine itself. That window includes four buttons which give you access to different types of information: *Sons et Images*, *Photos*, *Tête-à-Tête*, and *Pot-Pourri*.

Sons et Images

The *Sons et Images* button gives you a video tour of the place, so that you can get a sense of it. Click on this button to begin the video. To stop the video, click on the stop button on the sliding control bar, as shown.

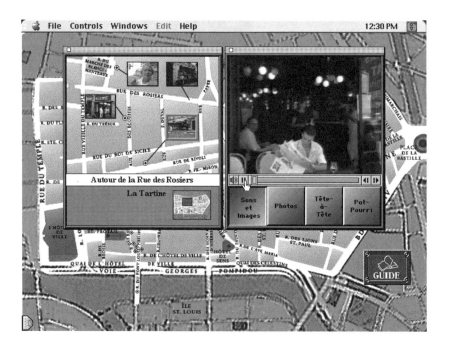

Photos

The *Photos* button gives you access to still images of a place and allows you to explore it in greater detail and read commentaries attached to the photos. To see the collection of photos, click on *Photos*.

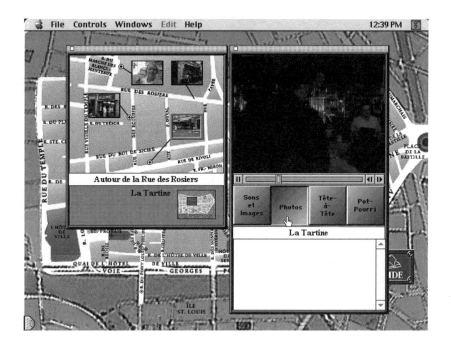

The still images will then automatically run in front of you. The Quick-Time control bar allows you to stop on a specific photo, go back to a previous image, or advance through the photos.

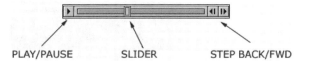

PLAY/PAUSE   SLIDER   STEP BACK/FWD

You can play the pictures in sequence, or scroll through them more quickly or slowly using the sliding control bar. You can also use the forward or reverse buttons to step through them one at a time. As you go from image to image, text will appear under each photo providing descriptive commentaries plus historical background.

Glossary

The words in the commentaries that are underlined appear in the *Glossary*. To open the glossary to obtain a definition in French, click on that word.

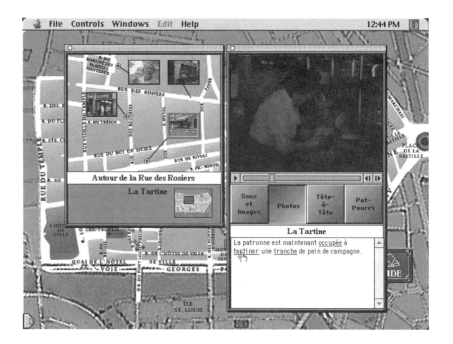

The glossary window will automatically appear in front, with the page open on that word and definition.

Once in the glossary, you can search for other words by clicking on the magnifying glass and typing the new word in the *Cherchez* box. Click on *OK* to see the definition.

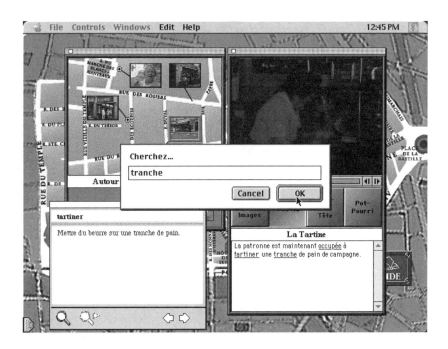

If that word appears in the glossary text (as opposed to the glossary heading) then click on the second magnifying glass until you see the word you are looking for appear in the main heading.

This will give you the definition of the word.

Note: Seeing the same word appear in several glossary entries can be useful, as it shows the different contexts in which that word can be used.

Tête-à-Tête

The *Tête-à-Tête* button allows you to watch and listen to an interview. Not all *Tête-à-Tête* interviews are in the form of video. Some are in audio form only, which is indicated by the black-and-white format of the photos. To stop the interview and access comprehension or linguistic tools, click on the stop button.

The default setting is always *Néant,* no comprehension tools. Click on *Mots-Clés* to see key words.

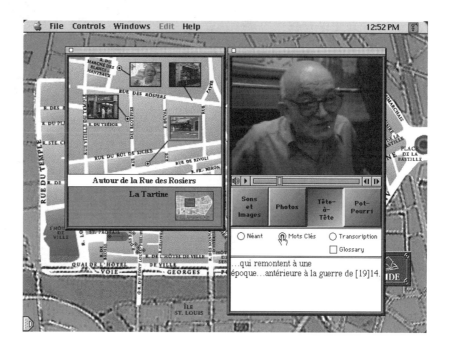

Click on *Transcription* to see a full transcription of the interview.

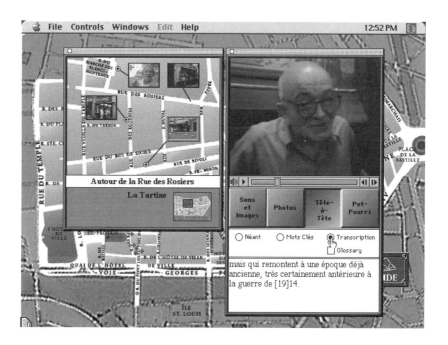

Click on *Glossary* to see the same transcription with words that appear in the glossary underlined. Clicking on the underlined words will take you directly to the corresponding glossary entry.

Again, if that word appears in the glossary text (as opposed to the glossary heading) then click on the second magnifying glass until you see the word you are looking for appear in the main heading. This will give you the definition of the word.

Tip for using the glossary: If the word you are looking for is a verb, try to write it in the infinitive form. Remember that not all words appear in the glossary.

Pot-Pourri

The *Pot-Pourri* button provides miscellaneous types of information. It will sometimes offer the kind of video tour found under *Sons et Images,* sometimes a whole collection of images like that of *Photos,* sometimes a video or audio interview like *Tête-à-Tête. Pot-Pourri* is just a little something extra.

The *Guide* includes four sections: *Gens, Lieux, Paroles,* and *Perspectives.* These entries can be accessed by clicking on the blue tabs on the right side of the *Guide* "book."

Gens

Clicking on the *Gens* tab opens the *Gens* pages, which represent all the people interviewed. There are two pages; to get to the second page click on the bottom right corner.

Click on the picture for one of these people, for example, M. Arguence.

The *Guide* page for M. Arguence will then open. The right page gives you a brief text introduction to him. On the left page, you will see his portrait and two buttons: *Premier aperçu* and *Aller voir*.

Click on the *Premier aperçu* button to see and hear a portion of his interview designed to give you a sense of who he is. There is usually a deliberate repetition between that video and the introductory text in the right window.

Aller voir allows you to go to M. Arguence's place of work. You will then have access to the sub-maps and the window with the four buttons for *Sons et Images, Photos, Tête-à-Tête,* and *Pot-Pourri.*

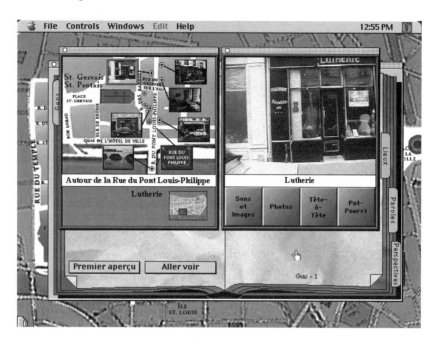

You can also turn the pages of the *Guide* one by one to see the other people.

Lieux

The first page of *Lieux* lists all the places you can visit, divided into four categories: rues, places et lieux; magasins; cafés et restaurants; and monuments. Click on any of the places mentioned, for instance, rue des Barres, to open the corresponding page of the *Guide.*

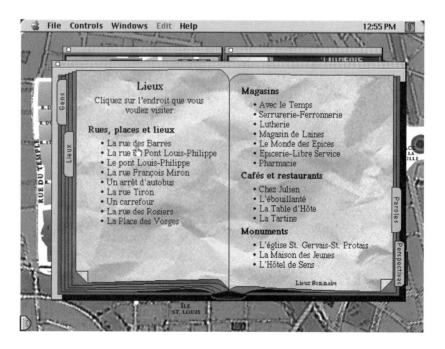

The left page contains text giving information about that place. On the right page is a photo of the place and the *Aller sur place* button.

Click on the *Aller sur place* button to go to the sub-maps and the window with the four buttons for *Sons et Images*, *Photos*, *Tête-à-Tête*, and *Pot-Pourri*.

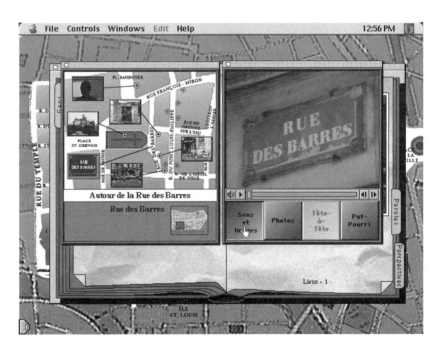

Paroles

The *Paroles* part of the *Guide* provides you with a tool for accessing the underlying meanings of words. It allows you to juxtapose several points of view and to discover how the same words used by different people can carry different meanings. This illuminates diverse points of view on the same aspect of French culture.

The first page of *Paroles* lists a series of words (and related words) that often recur in people's conversation. Click on one of these words. The example shown is *vivre/vie/vivant*.

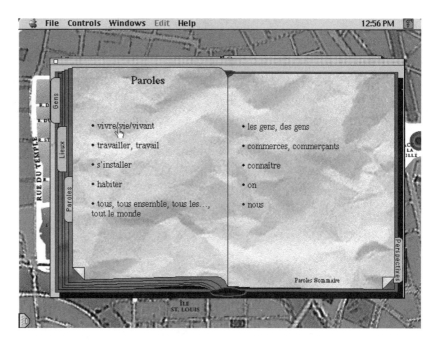

You will then see on the right-hand page photos representing all the people who have uttered those words.

Note: There often are two pages of people, indicated by "1 de 2" or "2 de 2" at the top of the left page. Click on any of the people, Mme Izraël, for instance. The person's photo will appear on the left page, along with the sliding control bar.

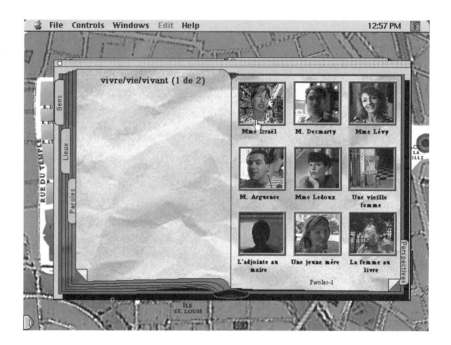

You now have access to all the portions of the interviews where Mme Izraël uttered forms of *vivre*, *vie*, and *vivant*.

Note: When watching these segments in succession, you will see that a brief black screen separates the different segments. This tells you when a new segment starts.

Note that you do not have access to comprehension tools when you are in *Paroles*, but you can always go back to the original interview and the transcription by clicking on the *Gens* entry tab in the *Guide* and selecting the people you want to watch and listen to again.

Perspectives

The *Perspectives* section of the *Guide* highlights the references contained in people's conversation to places, time, oneself, others, and so on. This allows you to discover how people see themselves and define themselves vis-à-vis their environment, vis-à-vis their quartier.

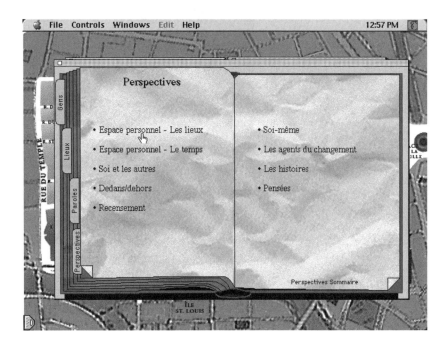

The *Perspectives* part of the *Guide* functions exactly like *Paroles*. The first page of *Perspectives* lists the nine categories of perspectives:

- Espace personnel — Les lieux
- Espace personnel — Le temps
- Soi et les autres
- Dedans/dehors
- Recensement
- Soi-même
- Les agents du changement
- Les histoires
- Pensées.

Click on one of the perspective topics to see who has comments, on *Espace personnel — Les lieux,* for example.

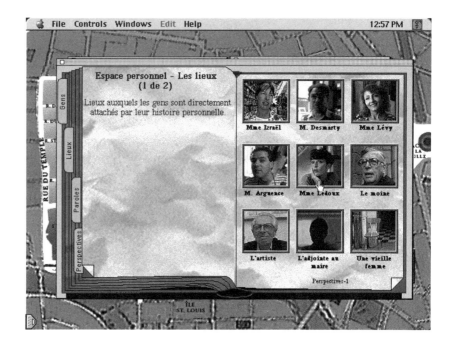

Click on the photo representing a person (for example, Mme Ledoux) to gain access to all portions of interviews where the person made a reference to the topic.

Printing images from
Dans un quartier de Paris

To print an image from *Dans un quartier de Paris*, first "take a picture" of it by clicking the "apple"-shift-3 keys together. Open that picture on the computer, then print it.

User Alert

Dans un quartier de Paris was developed over a long period of time, and certain aspects have changed. There are no program features associated with the following options in the pull-down menus: User Modes (there is one single mode for all users) and Musée.

Introduction

Dans un quartier de Paris: *Un documentaire interactif*

Dans un quartier de Paris est un documentaire multimédia interactif, filmé à Paris, qui permet aux étudiants d'explorer un espace culturel particulièrement français, le micro-monde d'un *quartier*—en l'occurrence celui d'une partie du Marais. Ce CD-ROM présente des segments vidéo, des images fixes, des documents sonores, des textes qui se combinent pour créer, à travers un collage de gens, de lieux, de rues, d'objets, et de mots, un contexte culturel riche, complexe, et multidimensionnel.

Le but de ce programme est de mettre en contact les étudiants avec une langue totalement authentique dans un contexte dynamique et de les aider à découvrir peu à peu la vraie réalité d'un quartier telle qu'elle est vue et exprimée par les gens qui le connaissent. A cette fin, le programme invite l'utilisateur à:

—rencontrer des gens qui travaillent et vivent dans le quartier (certains depuis deux ans, d'autres depuis plus de quarante ans) et découvrir certains éléments de leur histoire personnelle, leurs opinions et attitudes;

—visiter certains lieux importants du quartier, tels que des rues, des magasins, un café, une place, une église;

—enquêter sur l'évolution du quartier: la disparition des petits commerces, le rôle de la Ville de Paris, ou les changements dans la population.

Les outils

Les outils de fonctionnement

Le CD-ROM offre des outils pour l'exploration du quartier et en particulier une série de plans et un Guide servent à repérer les lieux.

Le *Plan* principal permet à l'utilisateur d'explorer et de découvrir le quartier au hasard de ses trouvailles, en cliquant sur tel ou tel «hot spot.»

Le *Guide* offre une information plus structurée et contient quatre rubriques:

—*Gens,* qui présente tous les gens à rencontrer.

—*Lieux,* qui présente tous les lieux à visiter.

—*Paroles,* qui permet de s'attacher plus particulièrement aux mots que les gens utilisent, au style de leur discours, aux expressions de leur visage lorsqu'ils expriment leurs pensées sur ce qu'est, par exemple, un «vrai» commerçant ou ce qui fait la «vie» d'un quartier, etc. La juxtaposition de différents points de vue autour d'un même mot permet de faire apparaître ses différents sens cachés.

—*Perspectives*, qui met en relief le cadre référentiel dans lequel s'inscrit le discours de chacun: références au temps, à l'espace, à soi, aux autres. Ces références sont autant d'indices sur la façon dont le gens se voient et se définissent.

Les outils de compréhension

Dans un quartier de Paris étant un document entièrement authentique, les utilisateurs ont à leur disposition une gamme d'outils linguistiques leur permettant de comprendre ce que disent les gens ou d'expliciter ce qu'ils voient. Ces outils comprennent:

—des *Mots Clés*

—une *Transcription* complète synchronisée avec la vidéo

—des textes accompagnant les images fixes

—un *Glossaire*, qui permet de trouver la définition des mots.

Comment utiliser *Dans un quartier de Paris*

Ce programme est une vaste bande de données visuelles qui redonne vie à ce quartier et permet aux étudiants de l'explorer presque comme s'ils s'y trouvaient. Cela dit, une exploration sans but n'a guère de sens. C'est pourquoi nous avons créé un large éventail d'activités pour guider les explorations de l'étudiant et leur donner un sens. Ces activités conduisent à des explorations multiples, selon différents objectifs, et sont conçues pour des apprenants de différents niveaux. Le quartier étant un espace culturel, les activités présentent des explorations de nature essentiellement culturelle.

Comment intégrer *Dans un quartier de Paris* dans vos cours

Ce programme multimédia permet une utilisation extrêmement souple et diverse selon le niveau, le contenu, et l'orientation des cours que vous enseignez. Plusieurs scénarios sont envisageables, aussi bien dans des classes de débutants que des classes avancées. Le programme peut servir de composante culturelle à un cours de langue (à tous les niveaux) et s'utiliser soit pendant trois ou quatre semaines de suite (ou plus), soit de façon régulière (une fois par semaine par exemple) tout au long d'un semestre. Il peut également servir de base à un cours sur Paris qui s'étendrait sur un semestre et pourrait se combiner et s'élargir avec l'utilisation de documents sur le Web.

Dans un quartier de Paris n'est pas un simple programme de langue mais peut intéresser des utilisateurs dans différents domaines. C'est un programme intrinsèquement multidisciplinaire où les limites entre les disciplines telles que la langue, la culture, l'histoire, la littérature, et l'art ont tendance à s'estomper et où la langue devient de plus en plus, non pas une fin en soi, mais un outil, un point d'entrée dans un monde culturel étranger multidimensionnel.

Les activités

Les activités sont une composante essentielle du programme dans la mesure où elles donnent un but et un sens aux explorations des utilisateurs, et nous avons essayé de les rendre aussi stimulantes que possible.

Elles présentent deux caractéristiques importantes.

Elles sont avant tout d'ordre culturel et non linguistique, car axées sur la compréhension d'un espace culturel—celui d'un quartier—dans ses dimensions multiples: spatiale, humaine, sociale, et culturelle. La compréhension et l'étude de la langue (parlée et écrite) coexistent, certes, mais sont sous-jacentes aux explorations.

Grâce à la nature même du multimédia, le programme peut s'utiliser à différents niveaux d'apprentissage. Les activités proposées ont été conçues et classées essentiellement en fonction de leur niveau de complexité et d'analyse et non en fonction du niveau des étudiants.

Les activités A et B: Comment ont-elles été conçues et comment diffèrent-elles?

Chaque activité porte un chiffre et contient deux parties, la lettre A et la lettre B (activité 1A, activité 1B). Les activités «A» visent à développer les facultés d'observation des étudiants, en fonction de qui ils sont et à travers leur propre regard. Chaque étudiant va être amené à dire ce qu'il voit, ce qu'il entend, ce qu'il perçoit et ce qu'il comprend dans sa perspective d'étranger et d'étranger au quartier.

Les activités B encouragent les étudiants à voir et connaître ce quartier du point de vue de ceux qui y habitent et y travaillent. Comment le voient-ils? Comment le perçoivent-ils? Comment en parlent-ils? Elles ont donc tendance à être plus complexes et plus analytiques.

L'objectif global est d'amener progressivement les étudiants à changer de perspective et à voir ce quartier, non plus de l'extérieur mais de l'intérieur, recréant ainsi le processus d'acculturation.

Il est recommandé que les étudiants de tous niveaux commencent par l'activité A avant de faire l'activité B correspondante. Il revient à vous de décider, selon le niveau de votre classe, si vous voulez aller au-delà de A et poursuivre jusqu'à B. Mais dans la mesure où les activités B s'appuient sur les activités A, il est déconseillé de ne donner que l'activité B aux étudiants plus avancés.

Nombre et contenu des activités	Il y a 28 activités: 13 activités A, 13 activités B, et deux activités—14 et 15—comportant une seule partie.

Elles sont axées autour de trois domaines principaux: l'espace, les gens, et les thèmes. Ces trois domaines s'entrecroisent souvent, créant ainsi un tissu complexe d'information. Elles sont organisées en un arrangement cyclique, ce qui fait que la même information peut être à nouveau utilisée, mais dans un contexte différent. Le but est d'amener les étudiants à parvenir à une compréhension du quartier de plus en plus authentique, riche, et profonde.

Il n'est pas nécessaire de faire toutes les activités, ni de suivre l'ordre dans lequel elles ont été présentées, bien qu'elles suivent une progression générale (elles commencent par des activités visuelles pour aller jusqu'à des activités analytiques). C'est vous qui choisirez les activités à donner à vos étudiants, leur nombre, et leur ordre.

Les activités comprennent deux parties distinctes mais inséparables:
—un travail préalable par les étudiants en laboratoire (individuellement ou en petits groupes), et
—un suivi de classe, essentiel, où l'ensemble de la classe participe, sous votre direction, à des activités collaboratives.

Format des activités

Pour chaque activité suggérée, vous trouverez les rubriques suivantes:
—objectif
—niveau suggéré. L'indication «niveau 1» suggère que cette activité peut se donner à des étudiants semi-débutants et/ou intermédiaires. L'indication «niveau 2» suggère que cette activité se donne à des étudiants intermédiaires ou avancés. Ce sera à vous de juger si vos étudiants appartiennent au niveau 1 ou au niveau 2.
—travail préalable (si nécessaire)
—votre tâche
—activité des étudiants (à faire au laboratoire de langues)
—outils (quelles portions du programme utiliser)
—activités de suivi de classe.

Le suivi de classe est une composante absolument essentielle du travail, car c'est en classe que les étudiants pourront s'exprimer oralement, confronter leur trouvailles avec celles de leurs camarades, et approfondir ainsi leur compréhension et leur connaissance du sujet.

Les activités de classe ne sont jamais une répétition des activités faites au laboratoire, mais s'appuient sur le travail individuel (ou en groupes de deux) qui y a été fait. Elles sont toutes de nature collaborative, mettant ainsi l'accent sur le processus de construction d'un savoir, plutôt que sur le résultat.

En général, elles contiennent trois phases:

—*Travail de groupe,* qui permet aux étudiants d'échanger, en petits groupes, leurs découvertes et leurs points de vue.

—*Mise en commun,* pendant laquelle l'ensemble de la classe, sous votre direction, assemble les différents morceaux du puzzle, débat, synthétise les informations pour en extraire le ou les sens et parvenir à une compréhension plus globale et plus profonde du quartier et de ses habitants, y compris ses contradictions et ses implicites. Cette partie contient également les détails et les informations qui vous aideront à guider les discussions des étudiants dans des voies fructueuses.

— Enfin (mais pas toujours) *Pour aller plus loin* (ou plus près!) vous propose des activités orales et écrites permettant soit d'élargir encore davantage, soit de faire porter le regard des étudiants sur leur propre cadre de vie, avec une vision renouvelée.

Toutes les activités décrites sont orales, mais peuvent aussi déboucher sur des activités écrites.

Les guides pédagogiques

Il en existe deux: le guide pour l'enseignant (*Teacher's Guide*) et le guide pour les étudiants (*Student Activities Workbook*). Le guide de l'enseignant comprend toutes les activités qui vous permettront d'utiliser *Dans un quartier de Paris*, y compris les activités des étudiants et la transcription complète des interviews vidéo. Le guide des étudiants leur donne toutes les consignes concernant les activités à faire.

Votre rôle

Ne vous croyez pas obligé(e) de connaître le contenu entier du CD-ROM avant de l'utiliser. Ce n'est pas nécessaire! D'abord, vous pourrez vous référer à la transcription des interviews et des textes qui paraissent avec les Photos. Ensuite, vous trouverez beaucoup d'indications utiles sous la rubrique Mise en commun dans les activités de ce livre.

Votre responsabilité n'est pas tant de connaître extensivement le contenu que de le faire chercher ou explorer par les étudiants. Laissez-les vous dire ce qu'ils auront vu et compris. Si un étudiant vous pose une question précise à laquelle vous ne pouvez répondre, posez-la à la classe entière et/ou demandez aux étudiants d'aller eux-mêmes chercher la réponse.

Souvenez-vous également que le plus souvent, il ne s'agit pas de trouver une ou des réponses précises, mais que les activités s'appuient sur des explorations qui débouchent sur des observations et des découvertes. Votre rôle est d'encourager vos étudiants à observer, chercher, sonder, analyser, et interpréter et de leur demander de présenter des points de vue ou des interprétations qui se fondent sur une argumentation solide et valable.

Quelques
recommandations
pratiques et concrètes

Donnez suffisamment de préavis à vos étudiants pour préparer leurs activités. Une semaine est recommandée.

Assurez-vous que les étudiants comprennent bien ce qu'ils doivent faire, dans la mesure où les activités sont écrites en français. Il est recommandé de leur distribuer avant (en classe) la version papier de l'activité et de la lire ensemble.

Ne sous-estimez pas les capacités de vos étudiants. Ne pensez pas à priori qu'une activité est trop difficile pour leur niveau. N'oubliez pas qu'ils ont accès à des outils linguistiques pour les aider et qu'un grand nombre d'activités s'appuient sur des documents visuels.

Il est souhaitable (mais pas nécessaire) d'avoir le CD-ROM en classe et la possibilité de le projeter sur un écran pour les activités de suivi, car il permet à tous d'aller voir, vérifier, ou illustrer certaines informations.

Un certain nombre de ces activités dépasseront probablement les cinquante minutes d'un cours traditionnel. N'hésitez pas à les poursuivre le cours suivant.

Bonnes explorations et bonnes promenades!

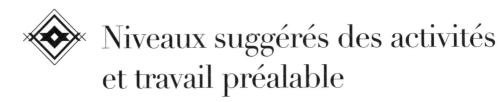

Niveaux suggérés des activités et travail préalable

		Niveaux suggérés	Travail préalable	Page
Activité 1A	Activité sur plan	1 et 2	oui	31
Activité 1B	Le plan du quartier à travers ses habitants	2	oui	34
Activité 2A	Au fil du nom des rues I	1 et 2	non	38
Activité 2B	Au fil du nom des rues II	2	oui	41
Activité 3A	Des chiffres, des lettres, et des couleurs	1 et 2	non	47
Activité 3B	Les différents commerces d'une rue	2	non	51
Activité 4A	A la découverte du quartier: Ses lieux et ses gens I	1 et 2	non	55
Activité 4B	A la découverte du quartier: Ses lieux et ses gens II	2	non	58
Activité 5A	J'achète des cadeaux!	1 et 2	non	62
Activité 5B	Je rapporte des souvenirs!	2	non	65
Activité 6A	Des carnets d'adresses à remplir	1 et 2	non	68
Activité 6B	Des carnets d'adresses personnalisés	2	non	72
Activité 7A	Des photos: Mon Paris à moi	1 et 2	non	76
Activité 7B	Des photos: Le Paris des Parisiens	2	non	80
Activité 8A	Une course au trésor	1 et 2	non	83
Activité 8B	Dans la malle au trésor	2	non	91
Activité 9A	Les gens du quartier: Leur histoire personnelle I	1 et 2	non	94
Activité 9B	Les gens du quartier: Leur histoire personnelle II	2	non	97
Activité 10A	Le guide des commerces I	1 et 2	oui	101
Activité 10B	Le guide des commerces II	2	oui	106
Activité 11A	Travailler à Paris: Où? Et avec qui? I	1 et 2	non	110
Activité 11B	Travailler à Paris: Où? Et avec qui? II	2	non	113
Activité 12A	Les attitudes des habitants et des commerçants vis-à-vis de leur quartier	1 et 2	non	117
Activité 12B	Les attitudes des habitants et des commerçants vis-à-vis de l'évolution de leur quartier	2	non	121

		Niveaux suggérés	Travail préalable	Page
Activité 13A	Des expressions, des regards, et des gestes qui en disent long I	1 et 2	oui	128
Activité 13B	Des expressions, des regards, et des gestes qui en disent long II	2	oui	132
Activité 14	Qu'est-ce qui a changé?	1 et 2	oui	137
Activité 15	Une journée dans le quartier: Ma visite guidée et mes adresses secrètes	1 et 2	non	143

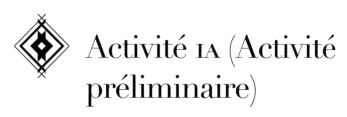

Activité 1A (Activité préliminaire)

Activité sur plan (avant d'utiliser le CD-ROM)

Note: Cette activité, contrairement à toutes les suivantes, est à faire entièrement en classe.

Objectif

Voir, observer un plan; savoir établir des points de repère.

Niveaux suggérés

1 et 2

Travail préalable

1. Imprimez et photocopiez le plan du quartier en appuyant sur les touches "apple"-shift-3 (ensemble). Faites autant de copies que vous avez d'étudiants.

2. Imprimez et photocopiez un plan d'ensemble de Paris. Faites autant de copies qu'il y a groupes d'étudiants (voir ci-dessous). Ou apportez un grand plan de Paris que vous mettrez au tableau en temps voulu.

Votre tâche

1. Distribuez aux étudiants le plan du quartier. Demandez-leur de le regarder pendant cinq minutes (comme pour essayer de s'en souvenir).

2. Demandez à chaque étudiant de mettre le plan de côté et de le redessiner de mémoire, sur papier libre.

I Travail de groupe

1. Une fois leur plan dessiné, mettez les étudiants par groupes de trois ou quatre et demandez-leur de comparer leurs dessins. Comment diffèrent-ils? Qu'est-ce qu'on trouve sur certains de leurs plans et pas sur d'autres? Qu'est-ce que certains ont remarqué? N'ont pas remarqué?

2. Si votre salle de classe dispose de plusieurs tableaux, demandez à chaque groupe de dessiner sur le tableau le plan du quartier et d'y inclure tout ce qu'ils auront vu, dans leur groupe. Ou alors, demandez-leur de le redessiner sur papier libre et de l'afficher ensuite sur le tableau principal.

Note: Pour cette activité, ils n'ont pas accès au plan original.

3. Demandez à chaque groupe d'aller regarder tous les plans sur le ou les tableaux et d'ajouter ou modifier (avec une craie de couleur dif-

férente) des repères, monuments, rues, etc., qui manquent. Laissez toujours un représentant du groupe initial devant son dessin.

4. Maintenant, demandez aux étudiants de reprendre le plan du quartier original, de retourner devant leur dessin initial de groupe et de le comparer avec l'original: Quels repères ont-ils vus (la Seine? la Place de la Bastille? l'Hôtel de Ville? la Place des Vosges? l'Ile St.-Louis?). Y a-t-il des repères essentiels qu'ils n'ont pas vus? *Ex:* l'axe rue de Rivoli—rue St. Antoine qui sépare le quartier en deux; les rues qui limitent le quartier: rue du Temple à l'ouest; Boulevard Henri IV au sud-est; rue des Francs-Bourgeois au nord, etc.; les églises St. Gervais—St. Protais et St. Paul—St. Louis.

II Mise en commun

1. Demandez quel est, à leur avis, le repère le plus important pour situer le quartier (la Seine). Quels sont les autres points de repère importants?
—des lieux ou des monuments: la Place de la Bastille, l'Hôtel de Ville, la Place des Vosges, etc.
—des grands axes et rues: la rue de Rivoli, la rue St. Antoine, la rue des Rosiers, etc.

2. Y a t-il des lieux qu'ils ont tous vus (se reférer à leurs dessins au tableau) et des lieux qu'ils n'ont pas vus? Pourquoi en ont-ils vu certains et pas d'autres? (lieux connus, références historiques, lieux touristiques, lieux marqués d'une couleur différente, la taille des lieux).

3. Distribuez à chaque groupe le plan d'ensemble de Paris que vous avez photocopié ou accrochez-en un au tableau et demandez à la classe de situer le quartier par rapport à l'ensemble de la ville.
—Quel est le point de repère essentiel? (La Seine.) Où se situe le quartier par rapport à la Seine? Chaque fois que possible, fournissez-leur le vocabulaire adéquat (*ex:* sur la rive droite). Expliquer pourquoi on l'appelle la rive droite, etc. Mentionner éventuellement s'ils connaissent d'autres noms de quartiers de Paris (le Quartier Latin, Montmartre), et demander aux étudiants de les situer. En profiter pour leur faire réviser les façons de situer un lieu géographiquement: au centre, au nord, au nord-est, sur la rive gauche, etc. Mettre l'accent sur les prépositions.

Pour aller plus loin

I Travail de groupe

Mettez à nouveau les étudiants en groupe (constituer de nouveaux groupes). Demandez-leur de penser à leur lycée ou leur université et de situer leur établissement par rapport à l'état, la ville, où la localité dans laquelle il est situé, et de faire une liste des points de repère qui leur paraissent importants à l'intérieur de l'établissement.

Voir si les points de repère sont les mêmes ou pas. Les faire réfléchir sur ce qui a guidé leurs choix. Lieux fréquentés souvent: Par qui? Quand? Lieux connus de tout le monde? Lesquels? Lieux qui ont une histoire?

Activité 1B

Le plan du quartier à travers ses habitants

Note: Il faut obligatoirement faire précéder cette activité par l'activité 1A.

Objectif	Saisir un quartier dans sa dimension personnelle (à travers ses habitants).
Niveau suggéré	2
Travail préalable	1. Imprimez et photocopiez le plan du quartier en appuyant sur les touches "apple"-shift-3 (ensemble). Faites autant de copies que vous avez de groupes d'étudiants (voir ci-dessous). 2. Imprimez et photocopiez une carte locale (de la ville et/ou du campus). Faites autant de copies qu'il y a groupes d'étudiants.
Votre tâche	Demandez aux étudiants d'aller dans le quartier, d'écouter trois personnes (à eux de les choisir), et de noter tous les lieux qu'elles mentionnent.

Activité des étudiants

Activité 1B *Le plan du quartier à travers ses habitants*
(à faire individuellement ou en groupes de deux)

Tâche Allez rencontrer trois personnes. Notez tous les lieux qu'elles mentionnent dans leur discours: par exemple, des adresses de rues, des lieux (un jardin, une école, etc.).

Outils Tête-à-Tête et Paroles (Lieux)

Nom de la personne écoutée	Lieux mentionnés
Ex: Mme Izraël	*rue Ave Maria*
1.	
2.	
3.	

En classe

I *Travail de groupe*

1. Demandez aux étudiants de se mettre par groupes de trois ou quatre, de rassembler leurs informations, puis de faire la liste de tous les lieux mentionnés par les gens qu'ils ont rencontrés.

2. Distribuez-leur ensuite une copie du plan du quartier (un par groupe) et demandez-leur de situer et d'entourer sur ce plan tous les lieux mentionnés.

II *Mise en commun*

1. Demandez à l'ensemble de la classe quels sont les différents lieux qu'ils ont relevés et écrivez la liste au tableau.

2. Demandez-leur ensuite d'analyser cette liste et de voir si certaines

catégories apparaissent (lieux privés, lieux publics, lieux touristiques, etc.).

3. Enfin, demandez-leur de comparer les lieux indiqués ici avec les lieux indiqués dans l'activité précédente et d'établir des différences (carte objective, carte subjective). Quels sont les éléments objectifs? (la Seine, une rue principale, un monument). Subjectifs? (l'adresse d'une école où ils sont allés [Mme Izraël: école rue du Fauconnier]; d'une rue dans laquelle ils habitent ou ont habité [M. Arguence: la rue Vieille-du-Temple]; d'un lieu associé à un souvenir personnel [M. Zimmerman: la plaque dans une rue], etc.).

Pour aller plus loin

Les activités suivantes peuvent s'effectuer en préliminaire à 1A et 1B. Elles permettent une sensibilisation à l'espace.

1. Demandez aux étudiants, en classe mais individuellement, de dessiner le plan du lieu dans lequel ils sont maintenant (la ville ou la localité ou le campus), de le situer dans un contexte plus large et d'indiquer sur ce plan leurs repères. Lors de la mise en commun, on fera au tableau une liste, que l'on organise en catégories, de ce qui leur a servi de repère: par exemple, configuration géographique particulière (fleuve, montagne, océan), commerces, monuments, grands axes et rues principales.

2. Demandez-leur ensuite d'en dessiner, en groupes de trois, la carte la plus sommaire possible. Lors de la mise en commun au tableau on essaie de déterminer quels repères sont absolument essentiels, quels repères donnent une limite et une orientation.

3. Distribuez aux étudiants une carte locale. Demandez-leur de délimiter sur la carte leur territoire, en indiquant l'endroit où ils habitent, les lieux où ils se rendent tous les jours ou presque, les lieux où ils se rendent une fois par semaine, une fois par mois, occasionnellement.

Variante à la même activité

Distribuez, au lieu d'une carte, la photocopie d'une série de cercles concentriques. Au centre, chaque étudiant inscrit son nom et son adresse. Sur chaque cercle il inscrit le nom d'un lieu qu'il fréquente, dont il est familier, en allant du plus fréquenté au moins fréquenté. Ce schéma peut être aussi large que souhaité et contenir au choix un seul quartier, une seule ville, un pays, ou bien englober le monde entier. Il peut aussi refléter une proximité géographique (lieux plus ou moins lointains) plutôt qu'une fréquence d'utilisation.

Autre variante

1. Demandez aux étudiants de noter, sous forme de liste, des noms de lieux directement liés à leur histoire personnelle. Ces lieux peuvent inclure un magasin, un monument, une rue, une ville, un pays. Par

exemple, Balboa Street, San Francisco; le Grand Canyon; la Chine; Commonwealth Avenue, Boston.

2. Une fois les listes faites, prenez-les et distribuez-les a des groupes de trois à cinq étudiants. Le travail en groupe consiste alors à essayer de reconstituer l'histoire personelle des autres. A la fin, chacun élucide les allusions avec des anecdotes personnelles.

Vous pouvez aussi décider de faire circuler les listes, sans nom, pour que chacun essaie dans un premier temps de trouver la liste avec laquelle il a le plus en commun, avant d'en rencontrer l'auteur pour approfondir.

Lors de la mise en commun au niveau de la classe toute entière, on peut dans un premier temps demander aux étudiants de faire ressortir les rubriques qui apparaissent à travers ces listes: par exemple, maison, école, travail, famille.

Activité 2A

Au fil du nom des rues I

Objectif	Saisir une carte comme reflet d'un lieu et d'un passé; découvrir le quartier à travers ses noms de rues.
Niveaux suggérés	1 et 2
Votre tâche	Demandez aux étudiants de regarder le Plan du quartier et de remplir la grille suivante.

    Note: Vous pouvez faire la partie «Pour aller plus loin» (voir plus bas) *avant* de commencer cette activité, auquel cas vous devrez apporter et photocopier un plan de la ville où se situe votre établissement.

Activité des étudiants

Activité 2A *Au fil du nom des rues I*
(à faire individuellement)

Tâche Choisissez cinq noms de rues, de places, ou de monuments qui figurent sur le CD-ROM et notez-les dans la première colonne. Puis lisez l'information écrite dans le Guide (à la rubrique Lieux) et indiquez:
—à quoi ce nom de rue se réfère ou qui est la personne en question (s'il s'agit d'une personne),
—à quel siècle cette personne ou ce lieu se rattache.
    Puis indiquez quelques détails supplémentaires.

Outils Guide (Lieux)

Nom de rue ou de place	Qui? Quoi?	Siècle?	Détails
Ex: rue du Pont Louis-Philippe	*pont/roi*	*19ème siècle*	*Pont construit par le roi Louis-Philippe (roi de 1830 à 1848) pour remplacer un ancien pont reliant l'Ile St.-Louis à la rive droite.*
1.			
2.			
3.			
4.			
5.			

En classe

I Travail de groupe

1. Mettez les étudiants par groupes de deux ou trois. Demandez-leur de fusionner leurs informations et de dresser une liste incluant tous les noms qu'ils auront choisis.

2. Demandez-leur de voir quel type de lieu ou de personnage (personnage associé à l'histoire? à la littérature?) et quel siècle est *le plus représenté*.

II Mise en commun

1. Notez au tableau le résultat de leur enquête (la deuxième partie du travail de groupe).

2. Demandez-leur quel siècle semble le plus représenté et ce que cela pourrait signifier (*ex:* le 17ème étant l'âge d'or du Marais; le 19ème étant l'époque des grandes transformations de Paris).

3. Demandez quelle est la référence la plus ancienne (la rue des Rosiers) et la plus récente (voie Georges Pompidou). Suppléez quelques informations si jugées nécessaires.

4. Montrez à quel point les noms de rues d'un quartier reflètent intimement son passé.

Pour aller plus loin

Cette activité peut se faire en préliminaire à celle-ci. Il s'agit de pousser un peu plus le parallèle entre le plan d'une ville américaine et le plan d'une ville française amorcé en 1A.

1. Apportez un plan de la ville où se situe votre établissement et photocopiez-le en plusieurs exemplaires.

2. Mettez les étudiants en groupe et demandez-leur de recenser les noms des rues, c'est-à-dire, de les grouper par catégories pour repérer ce qu'ils évoquent et à quelle époque ils se rattachent.

3. Faites-leur noter ces informations sur une grille du type de celle proposée pour cette activité.

Activité 2B

Au fil du nom des rues II

Objectif	Saisir une carte comme reflet d'un lieu et d'un passé; découvrir le quartier à travers ses noms de rues.
Niveaux suggérés	2
Travail préalable	Eventuellement signaler aux étudiants des encyclopédies ou des CD-ROMs ou des sites sur le Web à consulter. Pour cette activité, les resources suivantes peuvent être utiles: —CD-ROMs: *Paris: Promenades et Histoires*, *Encyclopédie Hachette*, et *Larousse.* —Site Web: Histoire de France. http://instruct1.cit.cornell.edu/ courses/french_history/
Votre tâche	*Note:* Cette activité comprend deux parties (Activité 1 et Activité 2). L'Activité 2B inclut un travail à faire en bibliothèque. Elle est sensiblement la même que l'activité précédente, sauf qu'elle a une portée plus large, dans la mesure où elle incorpore des rues figurant sur le plan et non seulement celles que peuvent visiter les étudiants. A vous donc de décider si vous voulez donner à vos étudiants les deux activités ou la deuxième seulement.

Activités des étudiants

Activité 2B *Au fil du nom des rues II*
(à faire individuellement)
Note: Une partie de la première activité est un travail de recherche à faire en bibliothèque (ou sur un CD-ROM ou sur le Web).

Activité 2B1	*Tâche* Regardez le plan et choisissez cinq noms de rues ou de places qui n'apparaissent pas dans le Guide. Notez-les dans la première colonne. Puis cherchez:

—à quoi ce nom de rue se réfère ou qui est la personne en question (s'il s'agit d'une personne),

—à quel siècle cette personne ou ce lieu se rattache.

Puis indiquez quelques détails supplémentaires.

Outils Plan et Guide

Nom de rue ou de place	Qui? Quoi?	Siècle?	Détails
Ex: rue Charles V	*roi*	*14ème siècle*	*roi de France, dit le Sage, de 1364 à 1380.*
1.			
2.			
3.			
4.			
5.			

| En classe | *I Travail de groupe* |

I *Travail de groupe*

1. Mettez les étudiants par groupes de deux ou trois. Demandez-leur de fusionner leurs informations et de dresser une liste incluant tous les noms qu'ils auront choisis.

    2. Demandez-leur de voir quel type de personnage (personnage associé à l'histoire, la littérature?) et quel siècle sont les plus représentés. Quel autre type d'information trouve-t-on?

II Mise en commun

1. Demandez à l'ensemble de la classe (si possible) de reconstituer, au tableau, une *ligne du temps* sur laquelle figureront toutes les dates, tous les personnages, et tous les événements (historiques, littéraires, etc.) rattachés à des lieux qu'ils auront trouvés. Il s'agit d'une reconstitution collaborative à laquelle participent tous les groupes.

    2. Une fois la ligne du temps faite, demandez aux étudiants:
— Quels sont les deux siècles les plus représentés? Demandez aux étudiants de donner des précisions. Quelles sont les différents types de références? Evénements? Lesquels? Personnages? Lesquels? Notez-les au tableau.
— Quels types de personnages sont le plus représentés? A quel domaine appartiennent-ils? (littérature? royauté? etc.).
— Qu'est-ce qu'on peut en déduire sur l'histoire de ce quartier?

    3. Demandez éventuellement quels types de noms on trouve dans les rues de leur ville. Que représentent-ils? Comparez.

Activité 2B2

Tâche «Interviewez» quatre personnes du quartier et notez toutes leurs références au passé. Ces références peuvent être des dates précises ou des références à des événements précis.

Outils Guide (Perspectives: Espace personnel—Le temps)

Remplissez la grille suivante:

Nom de la personne	Références au temps
Ex: M. Zimmerman *(propriétaire de Pitchi Poï)*	*«depuis huit cents ans, depuis mille ans peut-être»* —*«c'est très ancien»* —*«il y a cinq, six ans»*

Nom de la personne	Références au temps
1.	
2.	
3.	
4.	
5.	

Mise en commun

1. Demandez aux étudiants d'indiquer toutes les références au passé et notez-les au tableau.

    2. Suscitez des remarques (quel type de référence: historique? histoire de Paris? des juifs? histoire personnelle? etc.).

    3. Demandez-leur de donner des exemples précis. *Ex:* Mme Volpe parle de l'école dans la rue . . . de laquelle elle a sauvé des enfants pendant l'Occupation. M. Zimmerman montre une plaque évoquant un événement historique aussi bien que personnel.

4. Faites remarquer combien l'histoire personnelle des gens et l'histoire du quartier se recoupent et se croisent souvent.

5. Faites remarquer également comment les gens se réfèrent aussi bien à une histoire ancienne qu'à une histoire récente (M. Zimmerman: «il y a 800 ans»; M. Desmarty: «il y a dix ans»; Eric: «depuis toujours»).

Pour aller plus loin

Ces activités peuvent se faire en préliminaire. Leur but est d'inciter les étudiants à reconnaître les multiples références au passé et à l'histoire dans leur vie courante, à établir le lien entre leur histoire personnelle et des marqueurs historiques et sociaux.

1. Posez en classe des questions du type:

—Depuis combien de temps étudiez-vous ici? Depuis combien de temps connaissez-vous votre plus ancien ami? Quand êtes-vous venu à (ville) pour la première fois? Depuis combien de temps vos parents habitent-ils à (ville/pays)?

—Pouvez-vous situer dans le temps les événements suivants: la première guerre mondiale, la Révolution française, Hiroshima, la guerre du Viet-Nam, la signature de la Constitution américaine, etc. Selon vous, certains de ces événements ont-ils un impact sur votre vie quotidienne? Lesquels?

—Y a-t-il, dans l'histoire de votre famille, une ou plusieurs personnes reliées directement à un événement historique? Par exemple, mon grand-père a fait la guerre de . . .

2. Demandez aux étudiants de dresser un tableau semblable à celui utilisé à l'Activité 2B1. Mais ils remplacent la première colonne «Nom de rue ou de place» par «Evénement historique essentiel pour la vie de mon pays» ou bien «Personnalité importante pour la vie de mon pays.» Ce format permet ensuite une mise en commun et une analyse des références de chacun.

3. Développement possible de la même activité. Votre école/université va être rebaptisée. Proposez un nom qui honorerait une personnalité de votre choix. Préparez-vous à expliquer et à défendre votre choix auprès des autres étudiants, pour les convaincre. Vous travaillerez d'abord seul, puis en groupes de trois, de six, etc.

4. Autre développement possible, toujours pour voir comment on se définit par rapport son époque, comment les références sont partagées, et comment on se les approprie. Mettez les étudiants en groupes et proposez-leur le scénario suivant: si vous deviez créer un numéro spécial de *Time* magazine consacré aux années 90, uniquement en images, quelles images montreriez-vous? Et si ce numéro était consacré aux vingt dernières années? Aux trente dernières?

Demandez-leur de mettre en commun leurs suggestions et de décider, en groupe, des «photos» à retenir pour ce numéro spécial. Il leur appartient de créer leurs rubriques, qui peuvent être aussi variées qu'ils le désirent: grands événements, personnalités, produits de consommation, arts, sciences et découvertes.

Activité 3A

Des chiffres, des lettres, et des couleurs

Objectif	Appréhender la rue comme reflet d'une réalité quotidienne.
Niveaux suggérés	1 et 2
Votre tâche	Donnez aux étudiants l'activité ci-dessous.

Activité des étudiants

Activité 3A *Des chiffres, des lettres, et des couleurs*
(à faire au labo et en groupes de deux ou trois)

Tâche Circulez dans les rues du programme, à la recherche de
—dix chiffres,
—dix mots,
—dix objets, et
—cinq choses de couleurs différentes
qui reflètent le type d'information qu'on trouve dans une rue et qui nous renseignent sur des habitudes de vie quotidienne.

Remplissez la grille ci-dessous. Notez l'origine (*ex:* sur la vitrine du magasin de laines) et la fonction de chaque item (*ex:* s'il s'agit d'un chiffre, est-ce un prix? une adresse? un numéro de téléphone?). Ces chiffres, mots, et objets peuvent se trouver dans la rue, dans une vitrine ou sur un mur. Si vous ne connaissez pas le mot français, écrivez le mot anglais.

Outils Photos et surtout Pot-Pourri (c'est là qu'on trouve le plus grand nombre d'images des rues). Pour circuler rapidement, utilisez le «time bar.»

Chiffres	Mots	Objets	Couleurs
Ex: 30F (prix d'un kir royal au restaurant Les Sept Piliers) rue du Pont Louis-Philippe	*«Soldes» (sur la vitrine du magasin de laines) rue du Pont Louis-Philippe*	*Un panneau montrant des enfants qui traversent une rue— rue du Pont Louis-Philippe*	*Rouge —un parasol —un sens interdit*
1.			*Vert*
2.			*Jaune*
3.			*Noir*
4.			*Bleu*
5.			*Orange*
6.			
7.			

Chiffres	Mots	Objets	Couleurs
8.			
9.			
10.			

En classe

I Travail de groupe

Demandez à chaque groupe de fusionner ses informations et, pour chaque catégorie, de les classer par type d'information (*ex:* certains chiffres représentent des numéros de téléphone, d'autres des heures d'ouverture de magasin).

II Mise en commun

Notez ces catégories au tableau.

A propos des chiffres, par exemple, peuvent-ils nous renseigner sur certains aspects de la vie quotidienne (*ex:* les magasins sont souvent fermés entre 12 et 2h, le lundi matin)?

A propos des mots, quels sont ceux qui reviennent le plus souvent? Peut-on en déduire certaines raisons (*ex:* soldes? est-ce associé aux saisons? à un commerce qui marche mal)?

A propos des objets, quels sont ceux qui les ont le plus frappés? Lesquels sont différents des objets équivalents aux Etats-Unis (les boîtes aux lettres)?

A propos des couleurs, peut-on leur attacher une certaine signification? *Ex:* le vert associé à la santé (la croix verte des pharmacies) et aux bancs dans un jardin (sur la Place des Vosges).

Pour aller plus loin

Pour inciter les étudiants à une investigation visuelle du quartier, demandez-leur de circuler dans les rues du quartier à la recherche de dix «affiches» ou messages écrits, qu'ils recopient tels quels, en respectant l'aspect esthétique, et qu'ils reproduisent pour les présenter en classe. En classe on opère un déchiffrage, si nécessaire (voir, par exemple, dans le magasin de laines, «Kid, 36F», ou bien, sur un mur: «Juifs branchés, connectez-vous sur Judéotel»), et on s'applique à analyser le raccourci du style et l'aspect graphique. Cette activité peut déboucher sur la création d'affiches en classe.

Activité 3B

Les différents commerces d'une rue

Objectif	Recenser différents types de commerce.
Niveau suggéré	2
Votre tâche	Demandez aux étudiants de faire l'activité ci-dessous.

Activité des étudiants

Activité 3B *Les différents commerces d'une rue*
(à faire individuellement ou par groupes de deux)

Tâche Explorez la rue du Pont Louis-Philippe. Notez dix commerces
(magasins, cafés, ou restaurants) qu'on y trouve. Ecrivez:
—leur nom (colonne 1),
—ce qu'on y vend (colonne 2) (si vous ne savez pas, mettez simplement
un point d'interrogation),
—et si, à votre avis, le magasin s'est récemment installé dans le quartier
ou s'il existe depuis longtemps. Notez à chaque fois pourquoi, selon
vous, ce magasin est récent ou ancien.

Outils Pot-Pourri

Nom du magasin, du café, etc.	Objets ou services vendus	Magasin récent?	Magasin ancien?
Ex: Avec le Temps	*robes des années 30; vaisselle ancienne*		
1.			

Nom du magasin, du café, etc.	Objets ou services vendus	Magasin récent?	Magasin ancien?
2.			
3.			
4.			
5.			
6.			
7.			
8.			
9.			
10.			

I Travail de groupe

1. Mettez les étudiants par groupes de trois. Arrangez-vous pour que ceux qui ont travaillé ensemble en remplissant la grille ne soient pas dans le même groupe.

2. Demandez à chaque groupe de classer ces différents commerces par catégories. Aux étudiants d'essayer de les découvrir si possible. Sinon, mettez-les sur la piste (*ex:* commerce quotidien; commerce de luxe; commerce spécialisé, commerce artisanal).

3. Demandez-leur également de voir s'ils sont d'accord sur l'ancienneté de ces magasins dans la rue.

II Mise en commun

1. Demandez aux étudiants les différentes catégories qu'ils ont trouvées et notez-les au tableau.

2. Demandez-leur de vous donner quelques noms de magasins à mettre sous les différentes catégories avec la notation «ancien» ou «récent.» S'il y a des divergences d'opinion, faites préciser les raisons.

3. Quelle est la différence entre les magasins anciens et les magasins nouveaux?

4. Demandez aux étudiants d'analyser ce qui est écrit au tableau:

—Quels sont les commerces qui ont tendance à apparaître et ceux qui ont tendance à disparaître? Commerces qui disparaissent: les petits commerces quotidiens, comme la boulangerie, la boucherie, l'épicerie, etc. Commerces qui tendent à s'installer: des boutiques de luxe (Kimonoya) et étrangères; des restaurants (Chez Julien); des boutiques spécialisées (magasin de laines).

—Qu'est-ce que cela nous dit sur l'évolution du quartier? Qu'il se tourne de moins en moins vers une clientèle de quartier, mais de plus en plus vers une clientèle plus large, plus axée sur le tourisme, les loisirs, etc.

5. Faites-leur expliquer le commentaire suivant, dit par la famille (la fille) sur la Place des Vosges: «Pour la vie d'un quartier, une galerie d'art ne remplacera jamais un cordonnier.» Demandez-leur la différence entre «une galerie d'art» (pas un commerce quotidien, pas pour les habitants du quartier, commerce de luxe) et un «cordonnier» (commerce essentiel, pour les gens du quartier, pas cher). Quels commerces dans la rue du Pont Louis-Philippe appartiennent à la première catégorie et lesquels à la deuxième?

6. Essayez d'anticiper quels commerces vont disparaître et lesquels vont rester. Parmi ceux inscrits au tableau, lesquels, à leur avis, vont dis-

paraître et pourquoi? Demandez-leur aussi de penser à d'autres types de commerces qui marcheraient bien maintenant dans le quartier.

7. Demandez-leur s'ils ont vu des exemples de commerces nouveaux remplaçant des commerces anciens (*ex:* Chez Julien, qui a remplacé une boulangerie).

8. Faites ressortir le paradoxe intéressant que les nouveaux commerces installés «vendent» le passé: Mme Lévy vend des robes des années 30; le luthier fait de la restauration; l'hôtel des jeunes offre «un mobilier d'époque»; les magasins vendent de la laine (bien qu'on ne tricote plus) et du papier à lettres (bien qu'on n'écrive plus).

Pour aller plus loin

1. Demandez aux étudiants d'imaginer qu'ils vont ouvrir un commerce dans le quartier. En tenant compte de ce qu'ils ont appris du quartier, ils vont
—dire ce qu'ils vont vendre
—trouver un nom pour leur boutique
—préparer ensuite un prospectus, à mettre sur les pare-brises des voitures ou à distribuer dans les boîtes aux lettres, pour annoncer l'ouverture de leur commerce.

2. Demandez-leur ensuite de préparer une petite description de leur boutique, qui pourrait apparaître, par exemple, dans le Guide du Routard.

Note: Cette activité peut se développer à un niveau plus avancé, pour amener les étudiants à analyser les facteurs du changement dans le quartier, le rôle de la mairie de Paris entre autres. Elle peut se faire parallèlement à une recherche sur l'Hôtel de Ville, son histoire, son rôle, son évolution (voir notamment l'Activité 12B).

Activité 4A

A la découverte du quartier: Ses lieux et ses gens I

Objectif	Regarder, identifier, et sélectionner différents types de lieux et de gens.
Niveaux suggérés	1 et 2
Votre tâche	Demandez aux étudiants de faire l'activité ci-dessous.

Activité des étudiants

Activité 4A *A la découverte du quartier: Ses lieux et ses gens I*
(à faire individuellement ou par groupes de deux)

Contexte Le journal de votre campus ou de votre école publie chaque
année un petit guide d'informations pratiques à l'intention des étudiants
qui veulent voyager à l'étranger: on y trouve des renseignements pratiques, des adresses et des suggestions. Vous allez visiter le quartier afin
de pouvoir le présenter dans le prochain guide à paraître.

Tâche Vous allez rassembler autant d'informations que possible suscep-
tibles d'être utiles à vos lecteurs et de les intéresser. *Attention:* Il n'est pas
question de faire une description extensive du quartier ni de constituer
simplement une liste d'adresses, mais plutôt de sélectionner certaines informations. Vos informations doivent refléter des choix personnels. Par
exemple, si vous donnez l'adresse d'un restaurant, dites pourquoi vous
avez sélectionné ce restaurant particulier. Utilisez aussi vos yeux: regardez, observez! Les rubriques suivantes sont de simples suggestions.
Vous pouvez bien sûr décider d'en ajouter d'autres.

Outils Guide (Lieux et Gens)

Remplissez la grille suivante:

Que voir?	Détails
Que faire?	Détails
Où manger?	Détails
Où loger?	Détails
A qui parler pour en savoir plus sur le quartier?	Détails
Autre activité (à vous de la choisir)	Détails

En classe	*I Travail de groupe*

I Travail de groupe

1. Mettez les étudiants par groupes de trois ou quatre.

2. Dites-leur qu'ils ont pour mission de préparer un itinéraire d'une journée (et d'une nuit) pour un groupe d'étudiants américains qui a l'intention de passer vingt-quatre heures dans le quartier. Ils doivent donc sélectionner, parmi tous les choix proposés individuellement

—un endroit où loger

—un lieu à voir

—une chose à faire

—un lieu où manger (à midi et le soir)

—une personne à rencontrer

—et une activité en plus de leur choix.

Ils doivent se mettre d'accord (pour pouvoir ensuite justifier leur choix aux autres étudiants).

Note: Chaque groupe peut créer son itinéraire soit sur une feuille de papier soit au tableau (si la salle dispose de suffisamment de tableaux).

3. Une fois l'itinéraire terminé, demandez à deux ou trois étudiants de chaque groupe d'aller se joindre à un autre groupe et de se faire expliquer leur itinéraire (chaque groupe comprend un ou deux étudiants du groupe original et un ou deux nouveaux). Les nouveaux posent des questions et demandent aux autres de justifier leurs propositions.

II Mise en commun

1. Demandez aux nouveaux de chaque groupe de commenter les choix proposés par leurs camarades. Leur plaisent-ils ou non? Pourquoi?

2. Le cas échéant, faites des commentaires sur les choix des étudiants. Demandez-leur ce qui a influencé leur choix. Leur perspective a-t-elle été exclusivement touristique? Y a-t-il moyen d'avoir une vision moins touristique? Quels seraient alors leurs choix?

Pour aller plus loin

Cette activité peut conduire à un travail écrit, soit l'article suggéré dans la première phase de l'activité, soit une proposition d'itinéraire, telle qu'elle serait présentée par une agence de voyages à un groupe d'étudiants américains.

Activité 4B

A la découverte du quartier: Ses lieux et ses gens II

Objectif	Porter un regard non touristique sur un lieu.
Niveau suggéré	2
Votre tâche	Demandez aux étudiants de faire l'activité ci-dessous.

Activité des étudiants

Activité 4B *A la découverte du quartier: Ses lieux et ses gens II*
(à faire individuellement ou par groupes de deux)

Contexte Imaginez que vous êtes un journaliste pigiste qui habite à Paris. Le *Journal Français d'Amérique* (qui diffuse en français) vous a contacté pour vous demander d'écrire un reportage sur un quartier de Paris. Mais attention, ils veulent un regard *non touristique* sur le quartier (à vous de décider ce que cela peut vouloir dire). Le journal veut tester vos capacités et vous met à l'essai!

Tâche Partez à la découverte du quartier et explorez un certain nombre de lieux qui vous permettront de découvrir des choses un peu différentes, inhabituelles, insolites, etc. Votre journal veut que vous l'aidiez à identifier:
1. *Où se trouve* ce quartier dans Paris, quels sont ses points de repère [landmarks], ses principales rues, etc. A vous de décider comment mieux le situer. Remplissez la colonne «Situation du quartier.»
2. *Trois lieux* qui donnent une image non touristique du quartier. A vous de décider des critères de choix, des raisons pour lesquelles ils vous semblent intéressants. Attention, il vous faudra pouvoir justifier votre choix! Décrivez ces lieux et donnez quelques informations sur chacun d'eux. Remplissez la colonne: «Lieux intéressants à découvrir.»
3. *Trois lieux* qui paraissent importants pour les habitants du quartier. Pour cela, il vous faudra interviewer certains des habitants. Remplissez la colonne «Lieux importants pour les habitants du quartier.»

Remplissez la grille ci-dessous:

Situation du quartier *Lieux intéressants* *à découvrir*	*Le quartier est situé . . .* *Lieu 1* *Nom:* *Raison de l'intérêt?*
	Lieu 2 *Nom:* *Raison de l'intérêt?*
	Lieu 3 *Nom:* *Raison de l'intérêt?*
Lieux importants pour les *habitants du quartier*	*Lieu 1* *Nom:* *Raison de l'importance?*
	Lieu 2 *Nom:* *Raison de l'importance?*

	Lieu 3 *Nom:* *Raison de l'importance?*

En classe

I Travail de groupe

1. Mettez les étudiants en groupes de trois ou quatre (demandez à ceux qui ont travaillé ensemble de se mettre dans des groupes différents).

2. Demandez à chaque groupe de choisir parmi eux celui ou celle qui jouera le rôle d'éditeur.

3. Dites-leur qu'ils font maintenant partie d'une réunion rédactionnelle au cours de laquelle ils vont proposer à «l'éditeur» un certain nombre de lieux à présenter dans le journal. Ils devront donc fusionner leurs informations, et choisir, parmi les lieux proposées et à l'aide de l'éditeur, *les deux* qui leur paraissent les plus intéressants (en gardant présent à l'esprit qu'il s'agit de lieux non touristiques):
—un choisi selon leurs propres intérêts, et
—un choisi en fonction d'un des habitants du quartier.

II Mise en commun

1. Demandez à l'éditeur de chaque groupe de vous donner les deux lieux «finalistes.» Notez-les au tableau. Demandez à chaque groupe de justifier son choix au reste de la classe. Suscitez des discussions.

2. Regardez la liste finale ainsi proposée et, avec la participation de toute la classe, analysez ces lieux. Se ressemblent-ils? Ont-ils quelque chose en commun ou non? Peut-on définir de nouveaux critères de ce qui est «inhabituel», «insolite»?

Pour aller plus loin

I Travail de groupe

1. Formez à nouveau des groupes et demandez aux étudiants de penser à des lieux sur leur campus qui leur paraissent correspondre aux critères «inhabituel», «insolite», et d'en faire une liste.

Mettez la liste entière des lieux ainsi trouvés au tableau. Suscitez des commentaires sur la nature de ces lieux. De quel type de lieux s'agit-il? Pourquoi les ont-ils choisis?

Activité 5A

J'achète des cadeaux!

Objectif	Sélectionner un objet-cadeau en fonction des goûts d'une personne.
Niveaux suggérés	1 et 2
Votre tâche	Demandez aux étudiants de faire l'activité ci-dessous.

Activité des étudiants

Activité 5A *J'achète des cadeaux!*
(à faire individuellement)

Tâche Imaginez que vous avez passé une semaine à Paris et que c'est votre dernier jour. Vous n'avez pas encore acheté de cadeaux pour vos amis. Vous allez circuler dans le quartier et acheter cinq cadeaux:
—trois pour trois personnes dans votre vie (membres de la famille ou amis) à qui vous voulez rapporter des cadeaux (pensez à des personnes d'âge différent);
—le quatrième pour un(e) camarade de votre classe de français; et
—le cinquième pour votre professeur de français!
    1. Faites la liste des personnes, en indiquant leur relation avec vous.
    2. Circulez dans le quartier et cherchez un cadeau pour chacune des personnes sur votre liste. L'argent n'est pas un problème!
    3. Indiquez dans quel magasin vous avez acheté ce cadeau.
    4. Pour chaque cadeau acheté, donnez une raison pour laquelle vous l'avez choisi.

Outils Sons et Images, Photos, et Pot-Pourri

Nom	Cadeau	Où acheté	Raison
Ex: Peter (mon camarade de chambre)	*Une partition de musique (de Couperin, peut-être).*	*Chez le luthier, rue du Pont Louis-Philippe.*	*Il adore la musique classique et joue de l'orgue!*
1.			
2.			
3.			
4. Un(e) camarade de classe Nom:			
5. Votre professeur de français			

En classe

I Travail de groupe

Mettez les étudiants par groupes de trois ou quatre et demandez-leur de s'échanger leurs idées de cadeaux. Les autres doivent toujours leur demander de justifier leur choix.

II Mise en commun

1. Demandez aux étudiants quels cadeaux ils ont achetés pour leurs camarades de classe. Le camarade de classe qui «reçoit» le cadeau doit dire si le cadeau lui plaît ou non et pourquoi.

2. Même chose pour le cadeau au prof. Les autres étudiants doivent réagir aux cadeaux proposés et dire s'ils pensent que c'est un bon choix ou non.

3. Eventuellement, demandez à la classe de voter pour le meilleur cadeau et de dire pourquoi.

4. C'est maintenant à vous (le professeur) de dire si ce cadeau vous plaît ou si vous auriez préféré un des autres cadeaux proposés.

Variante possible

Demandez aux étudiants de se mettre à côté de celui ou de celle pour qui il a acheté le cadeau. Au lieu de nommer le cadeau, celui (celle) qui l'a acheté va le dessiner, ou celui (celle) qui le reçoit va poser des questions et essayer de le deviner.

Activité 5B

Je rapporte des souvenirs!

Objectif	Saisir les caractéristiques d'un quartier à travers ses objets.
Niveau suggéré	2
Votre tâche	Demandez aux étudiants de faire l'activité ci-dessous.

Activité des étudiants

Activité 5B *Je rapporte des souvenirs!*
(à faire individuellement)

Contexte Imaginez que vous voulez rapporter chez vous cinq souvenirs du quartier (non pas des souvenirs personnels, mais des objets qui vous paraissent définir et caractériser ce quartier). A vous de décider les caractéristiques de ce quartier.

    Note: Vous pouvez choisir des objets qui ne sont pas véritablement transportables. Ce n'est pas grave! Soyez original!

Tâche Remplissez la grille ci-dessous et indiquez:
—quel souvenir vous voulez rapporter (colonne 1),
—où vous l'avez trouvé (colonne 2), et
—pourquoi vous avez sélectionné cet «objet» ou ce souvenir (colonne 3).

Outils Sons et Images, Photos, Pot-Pourri, et Tête-à-Tête

Souvenir	Où?	Pourquoi cet objet?
Ex: La statue du rémouleur	*Au carrefour de la rue de Jouy et de la rue de Fourcy*	*Il rappelle l'histoire des petits métiers ambulants de Paris.*
1.		
2.		
3.		
4.		
5.		

En classe

I Travail de groupe

1. Mettez les étudiants en groupes de trois ou quatre.

2. Demandez-leur d'échanger leur «souvenirs» et d'essayer de les classer (à eux de définir les critères de classement). Quelle image du quartier ou quels aspects du quartier ces souvenirs reflètent-ils?

II Mise en commun

1. Mettez au tableau la liste de tous les «objets» que les étudiants ont l'intention de «rapporter.» Est-ce que ce sont bien des «souvenirs»? De quoi?

2. Demandez à l'ensemble de la classe d'analyser cette liste. Que reflète-t-elle?

3. Demandez aux étudiants ce qui d'après eux est le plus caractéristique du quartier. Votez pour le souvenir le plus caractéristique.

Activité 6A

Des carnets d'adresses à remplir

Objectif	Savoir différencier un commerce «essentiel» d'un commerce «non-essentiel.»
Niveaux suggérés	1 et 2
Votre tâche	Il y a deux activités distinctes: 6A1 et 6A2. Demandez aux étudiants de faire les deux activités ci-dessous, ou une seulement—à vous de choisir! *Note:* Si cette activité vient après la série complète 1A à 5A, il n'est pas nécessaire d'y consacrer trop de temps. On peut la transformer en activité orale, juste avant de faire 6B, pour illustrer le contexte décrit au début de 6B: «Vous êtes devenu(e) l'expert(e) de ce quartier.»

Activités des étudiants

Activité 6A *Des carnets d'adresses à remplir*
(à faire individuellement)
   Note: Il y a deux activités distinctes: 6A1 et 6A2.

Activité 6A1

Contexte Vous venez de vous installer dans le quartier. Vous voulez repérer les adresses essentielles.

Tâche Circulez dans le quartier et indiquez dans le carnet ci-dessous le nom et l'adresse des commerces du quartier qui vous paraissent essentiels, plus quelques notations utiles. S'il s'agit d'un restaurant, de quelle sorte de restaurant s'agit-il? Est-il cher? bon marché?

Outils Sons et Images, Photos, et Pot-Pourri

Lieux	Nom	Adresse	Notes

En classe

I Travail de groupe

Mettez les étudiants en groupes de trois ou quatre. Demandez-leur de se communiquer le résultat de leurs recherches. Leur carnet d'adresses est-il le même? S'il y a des différences, demandez-leur de voir pourquoi.

II Mise en commun

1. Demandez-leur s'ils se sont posé des questions sur ce qui est essentiel ou non.

   2. Demandez à l'ensemble de la classe quels sont, parmi les lieux men-

tionnés ci-dessus, ceux qui sont essentiels dans la vie pratique de tous les jours et ceux qui ne le sont pas.

3. Faites deux catégories au tableau, «Commerces essentiels» et «Commerces non essentiels», et notez dans chaque colonne les commerces mentionnés par les étudiants. S'ils ne sont pas d'accord, mettez un point d'interrogation à côté des commerces qui ne font pas l'unanimité.

4. Suscitez une discussion sur ce qui est essentiel dans la vie d'un quartier. Faites-leur prendre conscience que ce qui n'est peut-être pas essentiel dans la vie d'un Américain, peut l'être pour un Français (*ex:* une boulangerie, la mairie).

5. Demandez s'il y a des lieux dans un quartier américain qui ne figurent pas ici, et qui sont essentiels dans la vie d'un Américain.

Activité 6A2

Contexte Vous avez des courses précises à faire dans le quartier.

Tâche Circulez dans le quartier et notez dans quels magasins ou dans quels cafés ou restaurants vous irez pour faire les choses ci-dessous. Remplissez la grille suivante.

Outils Sons et Images, Photos, et Pot-Pourri

Quoi?	Nom du lieu	Adresse
Faire faire de nouvelles clés		
Acheter des produits de beauté		
Faire réparer votre violon		
Acheter un service de table ancien		

Quoi?	Nom du lieu	Adresse
Boire un kir royal		
Admirer l'Eglise St. Gervais		
Acheter des cornflakes		
Manger très économiquement		

En classe

I Travail de groupe

Mettez les étudiants en groupes. Demandez-leur de se communiquer le résultat de leurs recherches. Leur carnet d'adresses est-il le même? S'il y a des différences, demandez-leur de voir pourquoi.

II Mise en commun

1. Passez en revue la liste d'articles demandés et notez au tableau tous les lieux trouvés.

2. Pour chacun de ces lieux, demandez aux étudiants de fournir des détails (*ex:* que peut-on acheter d'autre au magasin de laines? que peut-on faire d'autre à l'Ebouillanté?)

Activité 6B

Des carnets d'adresses personnalisés

Objectif	Apprendre à regarder et appréhender un lieu en fonction de critères différents.
Niveau suggéré	2
Votre tâche	Demandez aux étudiants de faire l'activité ci-dessous.

Note: Vous pouvez décider de faire oralement l'activité 6A avant de faire 6B, pour illustrer le contexte décrit au début de l'activité: «Vous êtes devenu(e) l'expert(e) de ce quartier.»

Activité des étudiants

Activité 6B *Des carnets d'adresses personnalisés*
(à faire individuellement)

Contexte Vous êtes devenu(e) l'expert(e) de ce quartier—vous connaissez toutes les bonnes adresses! Plusieurs personnes qui vont bientôt s'installer dans le quartier ont fait appel à vous pour que vous leur dressiez un carnet d'adresses personnelles avant leur arrivée.

Tâche Pour chaque demandeur, vous allez dresser une liste des magasins ou des lieux essentiels à connaître, et leur indiquer deux personnes à rencontrer.

Note: Ne vous limitez pas aux lieux qu'on peut visiter. N'oubliez pas ceux qu'on voit en circulant dans les rues.

Voici donc les personnes pour qui vous allez établir un carnet de bonnes adresses:

—un(e) historien(ne)

—un(e) artiste

—une famille juive avec deux jeunes enfants

—une personne âgée vivant seule

—quelqu'un qui aime bien manger.

Remplissez la grille suivante:

Carnet d'adresses pour un(e) historien(ne)

Lieux à visiter (avec notes expliquant le choix)

1.

2.

3.

Gens à rencontrer (avec notes expliquant le choix)

1.

2.

3.

Carnet d'adresses pour un(e) artiste

Lieux à visiter (avec notes expliquant le choix)

1.

2.

3.

Gens à rencontrer (avec notes expliquant le choix)

1.

2.

3.

Carnet d'adresses pour une famille juive avec deux jeunes enfants

Lieux à visiter (avec notes expliquant le choix)

1.

2.

3.

Gens à rencontrer (avec notes expliquant le choix)

1.

2.

3.

Carnet d'adresses pour une personne âgée vivant seule

Lieux à visiter (avec notes expliquant le choix)

1.

2.

3.

Gens à rencontrer (avec notes expliquant le choix)

1.

2.

3.

Lieux à visiter (avec notes expliquant le choix)

1.

2.

3.

Gens à rencontrer (avec notes expliquant le choix)

1.

2.

3.

En classe

I Travail de groupe

1. Formez des groupes de trois ou quatre.

2. Demandez aux étudiants de s'échanger leurs carnets d'adresses et de justifier leur point de vue.

II Mise en commun

1. Mettez au tableau, pour chaque personne ou groupe de personnes, les lieux et les gens sélectionnés.

2. Pour chaque item proposé, voyez si l'ensemble de la classe est d'accord.

3. Faites ressortir les différents regards qu'on peut porter sur un lieu ou une personne en fonction d'intérêts personnels.

Activité 7A

Des photos: Mon Paris à moi

Objectif	Porter un regard de photographe et voir un lieu ou une personne dans sa dimension touristique.
Niveaux suggérés	1 et 2
Votre tâche	Donnez l'activité suivante aux étudiants. *Attention:* Il y aura plusieurs scénarios selon que vos étudiants ont la possibilité ou non d'imprimer des images et selon la présence ou non du CD-ROM en classe. Demandez-leur donc de suivre le scénario correspondant à l'équipement dont vous disposez.

    Scénario 1. Les étudiants ont la possibilité d'imprimer leurs photos.

    Scénario 2. Les étudiants n'ont pas la possibilité d'imprimer leurs photos, mais vous avez un CD-ROM disponible en classe.

    Scénario 3. Les étudiants n'ont pas la possibilité d'imprimer leurs photos, et vous n'avez pas de CD-ROM disponible en classe.

Activité des étudiants

Activité 7A *Des photos: Mon Paris à moi*
(à faire par groupes de deux)

Contexte Imaginez que vous êtes journaliste-photographe et qu'un magazine touristique américain vous a demandé de prendre des photos du quartier. Ils veulent deux types de photos:

—trois photos de lieux particulièrement «parisiens» (choisissez-les!), et

—trois photos de gens du quartier (des photos représentant des Français dans une attitude, un geste, ou une expression «typique»).

    En classe vous devrez pouvoir justifier votre choix.

Tâche Circulez dans le quartier à la recherche de ces six «photos» et remplissez la grille ci-dessous.

—Indiquez le *lieu* où la photo a été prise.

—Donnez-lui un *titre descriptif*.

—Donnez-lui une *légende personnelle* (un court commentaire) qui éclairera les raisons de votre choix.

Attention: Il ne s'agit pas de recopier les commentaires trouvés sur le CD-ROM. N'oubliez pas que vous êtes journaliste pour un magazine touristique américain.

Outils Sons et Images, Photos, et Tête-à-Tête

Note: Il y a plusieurs scénarios selon que vous avez ou non la possibilité d'imprimer des images et selon la disponibilité ou non du CD-ROM en classe. Votre professeur vous dira quel scénario suivre.

Scénario 1. Vous «prenez» des photos et imprimez vos photos, puis vous les apportez en classe. Vous remplissez également la grille. Pour «prendre» les photos (après que vous les aurez choisies), appuyez sur les touches "apple"-shift-3 (ensemble), puis imprimez-les.

Scénario 2. Vous remplissez la grille et vous vous assurez de pouvoir retrouver facilement vos photos pour pouvoir les montrer directement sur le CD-ROM en classe.

Scénario 3. Vous remplissez seulement la grille.

	Lieux
Ex:	*Lieu: rue des Barres*
	Titre de l'image: une vue sur les toits et cheminées de Paris
	Légende: Ah! Les couleurs de Paris: le gris des ardoises, le gris du ciel!
Photo 1	*Lieu:*
	Titre de l'image:
	Légende:
Photo 2	*Lieu:*
	Titre de l'image:
	Légende:

	Lieux
Photo 3	*Lieu:*
	Titre de l'image:
	Légende:
	Gens
Ex:	*Nom de la personne: Une marchande de quatre saisons*
	Titre de l'image: Une marchande pesant sa marchandise
	Légende: Un des spectacles de rue qui risque de bientôt disparaître
Photo 1	*Nom de la personne:*
	Titre de l'image:
	Légende:
Photo 2	*Nom de la personne:*
	Titre de l'image:
	Légende:
Photo 3	*Nom de la personne:*
	Titre de l'image:
	Légende:

En classe

I Travail de groupe

1. Formez des groupes de trois ou quatre.

2. Demandez à chaque groupe de mettre ses images en commun et de sélectionner trois images de lieux et de gens qui paraissent les plus «français» ou «parisiens.» Les étudiants doivent discuter entre eux sur ce qui constitue le meilleur choix et pourquoi.

II Mise en commun

1. Notez au tableau les photos (ou légendes) des lieux et des gens qui auront été sélectionnées par au moins deux groupes. Si les photos ont été imprimées, accrochez-les au mur ou au tableau. Si vous disposez du CD-ROM en classe, montrez les images sélectionnées.

2. Choisissez un ou deux lieux et une ou deux personnes et demandez à la classe d'analyser chacun de leurs choix. Qu'est-ce qui paraît «typiquement français» dans ces lieux ou ces gens?

3. Suscitez une discussion: s'agit-il de clichés? Essayez d'analyser ce qu'est un cliché: d'où il vient, pourquoi il existe.

Pour aller plus loin

1. Demandez aux étudiants d'imaginer, en groupes, quelles photos des touristes français prendraient aux Etats-Unis. Demandez-leur de faire deux listes: une de lieux ou de sites, l'autre de gens.

2. Pour chaque lieu ou personne, y aurait-il un équivalent en France? Comparez la Statue de la Liberté et . . . Quel symbole français serait le plus apparenté? Ou alors, inversement, y aurait-il une «antithèse»? (*Ex:* A propos d'une personne, par exemple, quel serait l'antithèse d'un cowboy? Un aristocrate dans son château de province, peut-être?)

Il conviendrait de faire remarquer qu'un touriste s'attache le plus souvent à prendre en photos ce qui lui paraît «différent» ou ce qui représente une vision mythique de l'autre.

Activité 7B

Des photos: Le Paris des Parisiens

Note: Cette activité est essentiellement la même que la précédente, mais les étudiants vont maintenant poser un regard *non touristique* sur le quartier.

Objectif

Porter un regard non touristique sur un lieu ou une personne.

Niveaux suggérés

2

Votre tâche

Demandez aux étudiants de faire l'activité suivante.

Note: Il y aura plusieurs scénarios selon que vos étudiants ont la possibilité ou non d'imprimer des images et selon la disponibilité ou non du CD-ROM en classe. Demandez-leur donc de suivre le scénario correspondant à vos conditions.

Scénario 1. Les étudiants ont la possibilité d'imprimer leurs photos.

Scénario 2. Les étudiants n'ont pas la possibilité d'imprimer leurs photos, mais vous avez un CD-ROM disponible en classe.

Scénario 3. Les étudiants n'ont pas la possibilité d'imprimer leurs photos, et vous n'avez pas de CD-ROM disponible en classe.

Activité des étudiants

Activité 7B *Des photos: Le Paris des Parisiens*
(à faire individuellement)

Contexte Imaginez que vous êtes un(e) journaliste-photographe américain(e) habitant dans le quartier et qu'un magazine américain, connaissant votre talent très personnel et original, vous a demandé de prendre des photos du quartier. Ils veulent des photos non touristiques—des photos qui expriment une vue très intimiste du quartier. Ils demandent:

—trois photos représentant des lieux, et

—trois photos représentant des Parisiens du quartier.

En classe vous devrez pouvoir expliquer ce qui a guidé votre choix.

Tâche Circulez dans le quartier à la recherche de ces six «photos.»

Remplissez la grille ci-dessous. Indiquez le *lieu* où la photo a été prise. Donnez-lui un *titre descriptif*. Donnez-lui une *légende personnelle* (un court commentaire) qui éclairera les raisons de votre choix. *Attention:* Il ne s'agit pas de recopier les commentaires trouvés sur le CD-ROM.

Outils Sons et Images, Photos, et Tête-à-Tête

Note: Il y a plusieurs scénarios selon que vous avez ou non la possibilité d'imprimer des images et selon la disponibilité ou non du CD-ROM en classe. Votre professeur vous dira quel scénario suivre.

Scénario 1. Vous «prenez» des photos et imprimez vos photos, puis vous les apportez en classe. Vous remplissez également la grille. Pour «prendre» les photos (après que vous les aurez choisies), appuyez sur les touches "apple"-shift-3 (ensemble), puis imprimez-les.

Scénario 2. Vous remplissez la grille et vous vous assurez de pouvoir retrouver facilement vos photos pour pouvoir les montrer directement sur le CD-ROM en classe.

Scénario 3. Vous remplissez seulement la grille.

	Lieux
Photo 1	*Lieu:* *Titre de l'image:* *Légende:*
Photo 2	*Lieu:* *Titre de l'image:* *Légende:*
Photo 3	*Lieu:* *Titre de l'image:* *Légende:*

Gens

Photo 1	*Nom de la personne:*
	Titre de l'image:
	Légende:
Photo 2	*Nom de la personne:*
	Titre de l'image:
	Légende:
Photo 3	*Nom de la personne:*
	Titre de l'image:
	Légende:

En classe

I Travail de groupe

1. Formez des groupes de trois ou quatre.

2. Demandez à chaque groupe de mettre ses images en commun et de sélectionner trois images de lieux et de gens qui paraissent le mieux représenter une vue intimiste et non touristique du quartier. Les étudiants devront discuter entre eux pour savoir quels sont les critères d'une photo «non touristique» ou d'une photo qui capture une vision intime.

3. Demandez-leur de sélectionner les *trois* photos qui leur paraissent concorder le plus avec ces critères.

II Mise en commun

1. Notez au tableau les photos (ou légendes) qui auront été sélectionnées par chaque groupe. Si les photos ont été imprimées, accrochez-les au mur ou au tableau. Si vous disposez du CD-ROM en classe, montrez les images sélectionnées.

2. Voyez si certaines images ont été choisies plusieurs fois. Demandez aux étudiants pourquoi.

3. Demandez à l'ensemble de la classe d'analyser les photos et de dire ce qui distingue un «regard» touristique d'un regard non touristique.

Activité 8A

Une course au trésor

Objectif	Il s'agit ici de tester l'esprit d'observation des étudiants.
Niveaux suggérés	1 et 2
Travail préalable	Seulement pour la variante du suivi en classe; voir dessous.
Votre tâche	Demandez aux étudiants de faire l'activité suivante.

Note: Cette activité devrait normalement se faire dans une salle de classe équipée de plusieurs ordinateurs, de façon à ce que tous les étudiants travaillent ensemble, par petits groupes. Il s'agit en fait également d'une course contre la montre, pour voir quel groupe peut rapporter le maximum d'objets en un temps limité. Sinon, vous pouvez simplement envoyer des groupes d'étudiants au labo et limiter leur temps à trente minutes, par exemple. Pour l'activité de classe, il serait important de pouvoir manipuler le CD-ROM.

Activité des étudiants

Activité 8A *Une course au trésor*
(à faire individuellement)

Tâche Circulez dans le quartier à la recherche des objets suivants. Ces objets peuvent se trouver dans plusieurs endroits. Notez simplement le lieu où vous les avez trouvés. Cette activité est à faire en temps limité. Ne dépassez pas le temps que vous donnera votre professeur.

Outils Sons et Images, Photos, et Pot-Pourri

Objets à trouver	Lieu où vous l'avez trouvé
1. Un plan du quartier (autre que le plan d'entrée)	
2. Des chaussons de bébé	
3. Des fleurs	
4. Un perroquet	
5. Une plaque commémorant un événement historique	
6. Une boîte aux lettres	
7. Deux pigeons	
8. Un cendrier	
9. Une théière	
10. Une statue en pierre	
11. Des melons	
12. Une carafe d'eau	
13. Une gargouille	
14. Un produit du Brésil	
15. Quelque chose qui évoque le Moyen-Age	
16. Un poulet casher	
17. Une deux-chevaux	
18. Un bleu de travail	
19. Le nom d'un médecin	
20. Une plante verte	

Objets à trouver	Lieu où vous l'avez trouvé
21. Des serviettes en papier	
22. Une plume	
23. Un bateau	
24. Une bouteille	
25. Du vernis à ongles	

En classe

Note: Il n'y a pas de Travail de groupe

Mise en commun
Demandez aux étudiants de venir manipuler le CD-ROM et de montrer où ils ont trouvé les objets ci-dessus. Chaque fois qu'un(e) étudiant(e) montre un objet, demandez si quelqu'un d'autre a trouvé le même objet ailleurs (*ex:* les deux pigeons peuvent être ceux dans la rue des Barres, sur la Place des Vosges, et sur les ferronneries au-dessus de la porte de Chez Julien).

Objets à trouver	Lieu où vous l'avez trouvé
1. Un plan du quartier (autre que le plan d'entrée)	*à l'arrêt d'autobus*
2. Des chaussons de bébé	*dans le magasin de laines*
3. Des fleurs	*dans le magasin de fleurs rue St. Antoine (là où les achète la passante)*

Objets à trouver	Lieu où vous l'avez trouvé
4. Un perroquet	dans la vitrine du magasin Avec le Temps
5. Une plaque commémorant un événement historique	dans la petite rue près de la Place du Marché Ste.-Catherine (celle que montre M. Zimmerman), dans la rue des Hospitalières St. Gervais (derrière Mme Volpe), dans la rue du Pont Louis-Philippe devant la Croix-Rouge
6. Une boîte aux lettres	dans la rue François-Miron
7. Deux pigeons	sur la Place des Vosges, sur les ferronneries de la porte de Chez Julien
8. Un cendrier	sur le comptoir de La Tartine
9. Une théière	au magasin Avec le Temps, au-dessus de l'Ebouillanté
10. Une statue en pierre	au carrefour
11. Des melons	dans la charrette du marchand de quatre saisons

12. Une carafe d'eau	*sur la table de Pitchi Poï, sur les tables de La Table d'Hôte*
13. Une gargouille	*sur l'Eglise St. Gervais, à l'Hôtel de Sens*
14. Un produit du Brésil	*au Monde des Epices (les haricots du Brésil)*
15. Quelque chose qui évoque le Moyen-Age	*la maison à l'enseigne du Faucheur (rue François-Miron)*
16. Un poulet casher	*dans une vitrine de la rue des Rosiers*
17. Une deux-chevaux	*dans la rue (devant le magasin Avec le Temps), au bout de la rue des Barres*
18. Un bleu de travail	*celui que porte M. Desmarty ou Philippe, l'ami de M. Arguence*
19. Le nom d'un médecin	*sur une plaque dans la rue de Rivoli (Dr Bernard Jacob)*

Objets à trouver	Lieu où vous l'avez trouvé
20. *Une plante verte*	*dans le magasin de laines, dans la Maison des Jeunes*
21. *Des serviettes en papier*	*à La Table d'Hôte*
22. *Une plume*	*sur les deux statues des saints: St. Gervais et St. Protais (à l'intérieur de l'église)*
23. *Un bateau*	*sur une des stalles de l'Eglise St. Gervais*
24. *Une bouteille*	*à La Tartine, au libre service, sur un banc Place des Vosges*
25. *Du vernis à ongles*	*dans la pharmacie*

Variante

Niveau suggéré   2

Travail préalable   Pour cette variante, il vous faudra sélectionner à l'avance une série de «photos» prises dans le quartier. Appuyez sur les touches "apple"-shift-3 (ensemble) pour les imprimer et pouvoir les distribuer aux étudiants.

Votre tâche   Au lieu de proposer aux étudiants une liste d'objets à trouver, proposez-leur une série de photos que vous avez sélectionnées vous-même et collées au hasard dans un «album.» Imprimez et distribuez-leur en même temps un plan du quartier sur lequel ils pourront marquer le lieu où, d'après eux, ces photos se trouvent.

Activité des étudiants

Tâche Circulez dans le quartier à la recherche des lieux et des objets suivants. Avant de partir, notez dans le tableau qui suit, dans la colonne «Hypothèses», là où vous pensez les trouver.

Photos	Hypothèses: «Je pense trouver ses objets . . .»
1	
2	
3	
. . .	

Notez sur la carte jointe là où vous les avez effectivement trouvés.

Note: Comme dans sa première version, cette activité est à faire en temps limité.

Autre variante

Le travail proposé ici est un travail d'imagination, qui permet de regrouper des éléments disparates en partant d'éléments réels:
—«On a retrouvé ce matin dans la rue _____ (à vous de remplir),
— devant la boutique de _____,
— dans la cage d'escalier de l'immeuble _____,
— _____ (*ex:* une boîte de petits pois, un foulard de soie, l'étui d'un violon, un trousseau de clés).
Que s'est-il passé la nuit dernière?»
On peut demander aux étudiants de répondre à cette question de diverses manières:
—Ragot, à faire oralement, sous forme de discussion d'habitués venus prendre leur petit déjeuner à La Tartine, par exemple: «Vous savez ce qui s'est passé hier soir?» Ou bien commérage entre deux commerçants, M. Arguence et Mme Lévy, par exemple.
—Gazette: «On a trouvé . . . Il semblerait que . . .»

—Reportage télévision: «La circulation est très perturbée ce matin dans la rue . . .»

—Roman policier: «Il est 1h du matin. Pas un bruit dans la rue. Soudain . . .»

Il faut, bien sûr, veiller à ce que tout soit très lié au quartier: lieux familiers, commerçants, habitués, tels qu'ils sont connus par leurs interviews.

Activité 8B

Dans la malle au trésor

Objectif

Faire une synthèse de ce qui a été appris sur chaque personne rencontrée dans le quartier.

Niveaux suggérés

2

Votre tâche

Donnez l'activité ci-dessous aux étudiants.

Note: En classe, avant de donner cette activité à vos étudiants, vous pouvez également faire l'activité «Pour aller plus loin» (voir plus bas).

Activité des étudiants

Activité 8B *Dans la malle au trésor*
(à faire par groupes de deux)

Contexte Imaginez que chacune des personnes que vous avez rencontrée dans le quartier possède une malle au trésor. Qu'y a-t-il exactement dedans? A quoi ressemble ce trésor? C'est à vous de le faire découvrir à la classe.

Tâche Parmi les personnes dans le Guide (Gens), choisissez-en quatre et montrez-nous un objet, une autre personne, un lieu, une phrase, cachés dans cette «malle.» *Attention:* Comme tous les trésors, celui-ci est un peu secret, essayez de nous montrer des choses que nous n'aurions peut-être pas trouvées sans vous.

Outils Sons et Images, Photos, Pot-Pourri, et Tête-à-Tête

Remplissez la grille suivante:

Gens (à vous de les nommer)	Un objet	Une autre personne	Un lieu	Une phrase
1.				
2.				
3.				
4.				

En classe

I Travail de groupe

Demandez aux étudiants de comparer le contenu de leurs malles au trésor et d'expliquer pourquoi ils ont choisi tel ou tel élément.

II Mise en commun

1. Notez au tableau les différentes trouvailles.

2. Faites réfléchir les étudiants à ce que révèlent ces trésors sur chacune des personnes rencontrées. Reflètent-ils la personne que l'on voit, la personne qui parle d'elle-même, ou la personne que l'on devine?

Comment ces différents aspects se combinent-ils et se complètent-ils? Par exemple, Mme Izraël, l'épicière, a-t-elle jamais rêvé de voyager dans le monde entier?

Pour aller plus loin

En classe, avant de demander aux étudiants de faire l'activité 8B, on peut faire une activité de type «identification à un objet.» On demande aux étudiants d'imaginer qu'ils sont un objet, et de se définir aussi précisément que possible.

Par exemple: «Je suis un ordinateur portable. Mais je voyage peu. En mémoire, j'ai des lettres que mon propriétaire a écrites à des amis, j'ai des dossiers avec beaucoup de chiffres, des adresses.»

On leur demande de noter sur un papier ce début de portrait, puis on met au tableau tous les objets de toute la classe. On peut alors opérer des rapprochements: il y a peut-être deux bicyclettes dans la classe? Qu'est-ce qui les différencie? On approfondit en posant des questions directement aux objets en question. Ce travail devrait permettre aux étudiants lors de l'Activité 8B de laisser leur imagination combiner de manière symbolique ce qu'ils connaissent des différentes personnes rencontrées et de ne pas se limiter à ce qu'ils voient.

Variante

Proposez aux étudiants, en fait de chasse au trésor, une chasse aux phrases, extraites des témoignages des habitants du quartier (voir Paroles dans le Guide). Présentez-les leur sans contexte, sans indiquer qui parle, par exemple: «Avant, c'était bien mieux!» Faites-les jouer sur toutes les interprétations possibles de cette phrase. Ils peuvent recréer un contexte, lié à ce qu'ils connaissent du quartier et des gens qui l'habitent. Finalement, en classe on re-situe la phrase.

Activité 9A

Les gens du quartier: Leur histoire personnelle I

Note: Cette activité et l'activité 9B sont essentiellement les mêmes. La différence se situe dans le travail de classe où l'analyse est poussée plus avant. Il convient donc de décider si vous allez donner 9A ou 9B à vos étudiants (mais pas les deux).

Objectif

Comprendre comment l'histoire personnelle des gens explique leur lien avec leur quartier; saisir la notion d'«appartenance» ou non à un quartier.

Niveaux suggérés

I et 2

Votre tâche

Donnez l'activité ci-dessous aux étudiants.

Activité des étudiants

Activité 9A *Les gens du quartier: Leur histoire personnelle I*
(à faire individuellement ou par groupes de deux)

Tâche Allez écouter quatre personnes du quartier (habitants ou commerçants, à vous de les choisir!). Concentrez-vous sur les éléments de leur vie personnelle, et leurs sentiments personnels. Essayez de voir:
—depuis combien de temps ils sont dans le quartier,
—pourquoi ils sont là,
—quels sujets personnels ils évoquent (école? famille? etc.), et
—leur message personnel.
   Remplissez la grille ci-dessous.

Outils Tête-à-Tête et Guide (Perspectives)

Gens	Depuis combien de temps?	Pourquoi sont-ils là?	Sujets personnels évoqués?	Message personnel?
Ex: Mme Volpe	*depuis toujours*		*—famille* *—école* *—souvenir précis*	*Il ne faut pas oublier.*
1.				
2.				
3.				
4.				

En classe

I Travail de groupe

Demandez aux étudiants de comparer leurs informations, de classer les gens qui ont des points de vue, des expériences, ou des sentiments semblables, et de dire ce qui les relie.

II Mise en commun

1. Ecrivez au tableau les «familles» de gens telles que les groupes les auront trouvées.

2. Demandez à l'ensemble de la classe de définir les éléments qui constituent l'expérience commune de ces gens (leur âge? le temps qu'ils ont passé dans le quartier? l'influence de la famille? la profondeur de leurs racines? etc.).

3. Demandez de classer les gens qui «appartiennent» vraiment au quartier et ceux qui y appartiennent plus superficiellement. Faites deux listes au tableau («Gens qui appartiennent vraiment au quartier» et «Gens qui ont une appartenance plus superficielle»). Demandez aux étudiants de vous donner des noms à mettre sous la rubrique qui leur paraît appropriée. Ecrivez-les au tableau au fur et à mesure et demandez chaque fois aux étudiants de justifier leur choix. Lorsqu'il y a des divergences de points de vue, suscitez une discussion.

Pour votre information

Gens qui appartiennent au quartier:

Mme Izraël (depuis quarante-cinq ans, allait à l'école maternelle dans le quartier), M. Desmarty (est installé depuis quarante ans), Mme Volpe («je fais partie des murs»), la famille («tous les commerçants ont disparu»), M. Arguence (habite dans différents lieux du quartier depuis longtemps), Valérie (est née dans le quartier), M. Zimmerman (allait au lycée Charlemagne et appartient ethniquement au quartier), l'artiste (se rattache à ce quartier à travers ses peintures), la vieille dame (elle est obligée de quitter le quartier à la fin de la semaine pour aller dans le dix-neuvième—«C'est ma mort»), M. Bouscarel (propriétaire du café depuis quarante ans).

Gens qui ont une appartenance plus superficielle:

Mme Lévy («c'est joli»; il y a «des boutiques originales»), Mme Ledoux («c'est un des plus vieux quartiers de Paris»—remarque très superficielle).

Où placer . . .

Les marchands de quatre saisons, le moine, Eric, la jeune mère, la femme au livre, l'adjointe au maire, la directrice de la bibliothèque Forney, le directeur d'hôtel?

Aux étudiants de décider!

Activité 9B

Les gens du quartier: Leur histoire personnelle II

Note: Cette activité et l'activité 9A sont essentiellement les mêmes. La différence se situe dans le travail de classe, où l'analyse est poussée plus avant. Il convient donc de décider si vous allez donner 9A ou 9B à vos étudiants (mais pas les deux).

Objectif	Comprendre comment l'histoire personnelle des gens explique leur lien avec leur quartier; saisir la notion d'«appartenance» ou non à un quartier.
Niveau suggéré	2
Votre tâche	Donnez l'activité ci-dessous aux étudiants.

Activité des étudiants

Activité 9B *Les gens du quartier: Leur histoire personnelle II*
(à faire individuellement ou par groupes de deux)

Tâche Allez écouter quatre personnes du quartier (habitants ou commerçants. A vous de les choisir!). Concentrez-vous sur les éléments de leur vie personnelle et leurs sentiments personnels. Essayez de voir:
—depuis combien de temps ils sont dans le quartier,
—pourquoi ils sont là,
—quels sujets personnels ils évoquent (école? famille? etc.), et
—leur message personnel.

Outils Tête-à-Tête et Guide (Perspectives)

Remplissez la grille ci-dessous:

Gens	Depuis combien de temps?	Pourquoi sont-ils là?	Sujets personnels évoqués?	Message personnel?
Ex: Mme Volpe	*depuis toujours*		*—famille* *—école* *—souvenir précis*	*Il ne faut pas oublier.*
1.				
2.				
3.				
4.				

En classe

I Travail de groupe

1. Mettez les étudiants en groupes et demandez-leur de créer (au tableau, si vous en avez plusieurs, ou sur une feuille de papier) des «familles» de gens. A eux de les classer comme ils le voudront selon les critères qu'ils décideront (qui va ensemble et pourquoi?). Ils compareront leurs informations et classeront les gens qui ont des expériences et/ou des sentiments semblables en expliquant ce qui les relie. Ils peuvent organiser leurs informations comme ils le voudront, soit sous forme de grille, soit en reliant les gens par des flèches, pour indiquer des affinités entre eux.

2. Quand ils auront fini, demandez aux étudiants de circuler d'un groupe à l'autre et d'échanger leurs points de vue. Gardez toujours un(e) étudiant(e) dans son groupe original.

II Mise en commun

1. Demandez à l'ensemble de la classe d'essayer de définir les éléments qui constituent l'expérience *commune* de ces gens (leur âge, la longueur de leur présence dans le quartier, l'influence du père, leur attitude vis-à-vis du quartier). Demandez-leur d'établir des *rapports directs* entre les gens, ceux qui sont reliés par une même expérience commune (*ex:* M. Zimmerman et Mme Izraël sont tous les deux allés au lycée Charlemagne; Mme Volpe et M. Zimmerman évoquent tous deux des souvenirs de la Seconde Guerre Mondiale; Mme Izraël et M. Desmarty se sont installés dans le quartier depuis presque la même année, 1945 et 1943 respectivement).

2. Voyez ensuite quel types de familles on peut constituer et selon quels critères.

Ex: d'un côté, Mme Izraël, M. Desmarty, M. Arguence, Mme Volpe, Valérie, Eric, et M. Zimmerman, qui sont dans le quartier depuis longtemps (faites remarquer que ce n'est pas toujours une question d'âge!), et de l'autre côté, Mme Lévy et Mme Ledoux, qui sont nouvellement installées et sont venues d'ailleurs.

Ex: d'un côté, la famille sur la Place des Vosges, Mme Izraël, M. Desmarty, l'adjointe au maire, qui parlent de l'évolution du quartier, dans sa dimension «disparition des vrais commerçants», comme le boucher, le boulanger; de l'autre Mme Lévy et Mme Ledoux, par exemple, qui parlent de l'évolution du quartier dans sa dimension «nouveaux magasins originaux.»

Note: Pour la troisième partie de cette Mise en commun, il faudra manipuler le CD-ROM.

3. Pour essayer de percevoir davantage comment on peut savoir si une personne appartient vraiment ou non au quartier, accédez à la partie du Guide intitulée Perspectives (Espace personnel—Les lieux).

Cliquez sur tous les gens qui apparaissent sous cette rubrique, et demandez aux étudiants de dire si un tel et un tel «appartient» vraiment au quartier, en analysant la façon dont ils en parlent.

Ex: Mme Izraël, oui (de par ses références constantes à des lieux précis: un nom de rue, une école, un numéro de rue . . .).

Ex: Mme Ledoux, non («c'est un des plus vieux quartiers de Paris», ce qui ne veut rien dire).

Accédez aussi à la partie du Guide intitulée Paroles et notez comment les critères utilisés pour parler des changements du quartier sont différents selon les gens.

Ex: Sous la rubrique Vivre, vie, vivant, accédez à ce que disent Mme Izraël et M. Desmarty. «C'est un quartier mort» qui «ne vit plus», disent-ils. Ce qui faisait la vie du quartier, pour eux, c'étaient les commerçants comme le boucher et le boulanger, et aussi le fait que ces commerçants habitaient dans le quartier, créant ainsi une «vraie vie» de quartier. «C'est un quartier vivant», disent Mme Ledoux et Mme Lévy (mais elles se fondent sur le fait que les boutiques changent beaucoup et sont souvent originales ou amusantes).

Les références ne sont pas du tout les mêmes, et celles de M. Desmarty et Mme Izraël font appel à des souvenirs beaucoup plus lointains.

Notez que ce n'est pas seulement une question d'âge. Ainsi, M. Arguence se situe beaucoup plus du côté de M. Desmarty et de Mme Izraël («il y a une fausse vie de quartier», dit-il).

Faites noter aussi que Mme Izraël et Mme Lévy utilisent des mots identiques «ça change beaucoup», mais que l'expression de leur visage et le ton de leur voix sont totalement différents. Pour Mme Izraël, ce changement est visiblement négatif. Pour Mme Lévy, il est visiblement très positif.

Activité 10A

Le guide des commerces I

Note: Avant d'envoyer les étudiants travailler avec le CD-ROM, il est conseillé de faire l'activité préliminaire suivante en classe.

Objectif

Réfléchir à ce qu'est un guide; quels différents types de guides on peut trouver; le type d'informations qu'ils offrent.

Niveaux suggérés

1 et 2

Travail préalable

1. Cherchez dans vos archives (ou sur le Web) des adresses et commentaires sur des commerces ou des restaurants en France. Photocopiez quelques exemples que vous distribuerez à la classe.

Pour vous aider, voici un site utile sur le Web, où vous trouverez des commentaires intéressants:

http://www.pariscope.fr/

Cliquez ensuite sur la rubrique Restaurants. Vous trouverez un grand nombre de commentaires sur divers restaurants.

Quand vous cliquerez sur la rubrique Restaurants, l'un apparaîtra comme publicité.

Elucider éventuellement les abréviations. *Ex:* 130Ftc: 130 Francs, tout compris; sf dim.: sauf dimanche; tlj: tous les jours; 6e: 6ème arrondissement.

2. Faites faire à vos étudiants le travail suivant, *en classe* et *avant* de les envoyer travailler sur le CD-ROM.

Distribuez à l'ensemble de la classe des documents que vous avez trouvés (chaque étudiant peut avoir des documents différents) et demandez-leur de vous dire quels *types* d'informations on peut trouver sur un commerce ou un restaurant. Faites-leur donner le maximum d'informations (voir ci-dessous). A eux de trouver les catégories.

—Des informations pratiques: nom; adresse; numéro de téléphone; heures et jours d'ouverture; prix. *Ex:* «à deux pas de Notre-Dame», «à l'angle de . . .»

—Des descriptions factuelles sur les produits vendus, le menu, le décor, l'ambiance. *Ex:* «terrasse longée par la voie piétonne.»

—Des informations d'ordre subjectif, sur le cadre, par exemple. *Ex:* «Paris romantique de 1900.»

Votre tâche

Demandez aux étudiants d'aller au labo et de faire l'activité suivante. Dites-leur que leur guide comprendra des commerces (pas seulement des restaurants). Les exemples donnés ci-dessus sont à utiliser à titre d'illustration.

Activité des étudiants

Activité 10A *Le guide des commerces I*
(à faire par groupes de deux ou trois)

Contexte Vous avez été contacté(e) pour écrire un guide sur les commerces du quartier. Vous allez sélectionner trois commerces (vous pouvez aussi choisir un restaurant).

Tâche Regardez les documents que vous a distribués votre professeur. Observez bien les informations qui y apparaissent et remplissez la grille suivante. Attachez-vous, en créant votre guide, à donner non seulement des informations factuelles, mais également des impressions personnelles. Soyez descriptif, mais également subjectif. Regardez donc bien autour de vous!

    Note: Les documents que vous aurez étudiés en classe concernent uniquement des restaurants. Utilisez le même type d'informations pour décrire les commerces.

Outils Guide (Lieux)

Commerce/restaurant 1

Nom

Adresse

Commerce/restaurant 1

Nom du (de la) propriétaire (si connu)

Informations factuelles sur le magasin/restaurant

Commentaires subjectifs

(Eventuellement) quelques mots sur le (la) propriétaire

Commerce/restaurant 2

Nom

Adresse

Nom du (de la) propriétaire (si connu)

Informations factuelles sur le magasin/restaurant

Commerce/restaurant 2

Commentaires subjectifs

(Eventuellement) quelques mots sur le(la) propriétaire

Commerce/restaurant 3

Nom

Adresse

Nom du (de la) propriétaire (si connu)

Informations factuelles sur le magasin/restaurant

Commentaires subjectifs

(Eventuellement) quelques mots sur le(la) propriétaire

En classe

I Travail de groupe

1. Demandez aux étudiants de circuler dans la classe et de trouver un ou une partenaire qui aura choisi un des mêmes commerces ou restaurants.

2. Demandez-leur de fusionner leurs informations et d'écrire, en collaboration, un texte définitif à figurer dans leur guide. Pour cela, ils devront se mettre d'accord sur les informations les meilleures, les plus appropriées, les plus intéressantes, à faire paraître. Cette même activité peut se répéter plusieurs fois, en s'assurant que les étudiants changent chaque fois de partenaire et ne travaillent pas deux fois sur le même texte.

II Mise en commun

1. Demandez aux étudiants d'afficher sur les murs les descriptions de leurs commerces à faire paraître dans un guide. Si un même commerce a été sélectionné par plus d'un groupe, demandez-leur de mettre toutes les affiches de ce commerce ensemble.

2. Demandez aux étudiants de les regarder toutes et de sélectionner, pour chaque commerce, la meilleure description. Demandez-leur pourquoi elles leur paraissent les meilleures.

Activité 10B

Le guide des commerces II

Objectif	Réfléchir à ce qu'est un guide et distinguer différents types de commerces.
Niveau suggéré	2

Note: Avant d'envoyer les étudiants travailler avec le CD-ROM, il est conseillé de faire l'activité préliminaire suivante en classe.

Travail préalable

Cherchez dans vos archives (ou sur le Web) des adresses et des commentaires sur des commerces ou des restaurants en France. Photocopiez quelques exemples que vous distribuerez à la classe. Apportez du scotch tape en classe.

Voici une adresse utile sur le Web, où vous trouverez des commentaires intéressants:

http://www.pariscope.fr/

Cliquez ensuite sur la rubrique Restaurants. Vous trouvrez un grand nombre de commentaires sur divers restaurants.

Activité préliminaire

Note: L'Activité 10B est précédée de cette activité préliminaire, à faire *en classe, avant* d'envoyer les étudiants travailler sur le CD-ROM.

1. Avant de distribuer les documents, demandez aux étudiants quels types de guides existent sur le marché. *Ex:* des guides touristiques (sur l'histoire; sur des lieux historiques; sur des magasins, des cafés, etc.). Il existe aussi des guides spécialisés dans des domaines particuliers (architecture; art; etc.).

2. Mettez les étudiants par petits groupes. Distribuez-leur vos documents (ils peuvent varier de groupes en groupes) et demandez-leur d'identifier les différents types de commerces qu'ils peuvent trouver dans les documents distribués. A eux de trouver les différents types.

Votre tâche

Demandez aux étudiants de faire l'activité suivante.

Activité des étudiants

Activité 10B *Le guide des commerces II*
(à faire par groupes de deux ou trois)

Contexte Vous avez été contactés pour écrire un guide sur les commerces du quartier. Ce guide veut donner une image de la *variété* des commerces qu'on trouve dans le quartier. Vous allez donc sélectionner trois commerces (des commerces seulement, pas des restaurants) à inclure dans ce guide. *Attention:* Il vous faudra choisir des commerces de *types différents* (ce sera à vous de décider en quoi ces commerces sont différents).

Tâche Regardez les documents que vous a distribués votre professeur. Observez bien les informations qui y apparaissent et remplissez la grille suivante.

Outils Guide (Lieux et Gens) et Pot-Pourri

Commerce 1

Nom

Type de commerce

Descriptif (remarque factuelle)

Descriptif (remarque subjective)

Quelques mots subjectifs sur le (la) propriétaire

Commerce 2

Nom

_____

Informations pratiques

_____

Descriptif du magasin (remarque factuelle)

_____

Descriptif du magasin (remarque subjective)

_____

Quelques mots subjectifs sur le (la) propriétaire

_____

Commerce 3

Nom

_____

Informations pratiques

_____

Descriptif du magasin (remarque factuelle)

Descriptif du magasin (remarque subjective)

Quelques mots subjectifs sur le (la) propriétaire

En classe

I Travail de groupe

1. Mettez les étudiants en groupes de trois ou quatre.

2. Demandez-leur de faire (au tableau ou sur une feuille de papier séparée) la liste de *tous* les commerces qu'ils ont sélectionnés.

3. Puis, demandez-leur de voir s'ils peuvent les classer en différentes catégories (quels commerces représentent des types différents?). A eux de décider ensemble quels critères utiliser pour différencier les commerces.

II Mise en commun

1. Demandez aux étudiants s'ils ont eu des difficultés à différencier les types de magasins et demandez-leur quels critères ils ont utilisés pour les différencier (commerce quotidien, artisanal; commerce en voie de disparition; commerce de luxe; commerce à la mode; commerce de quartier ou non; etc.).

2. Demandez aux étudiants de vous donner tous les critères qu'ils auront trouvés et écrivez, au fur et à mesure, la liste de ces critères au tableau.

3. Reprenez les catégories une à une et demandez aux étudiants de vous donner les noms des commerces qui appartiennent à ces catégories (qui correspondent à ces critères). S'il y a des désaccords, voir pourquoi: peut-être certaines catégories se recoupent-elles.

Variante

Si les étudiants n'ont pas écrit au tableau, mais sur des feuilles séparées, demandez-leur d'afficher leurs feuilles au tableau.

Circulez (avec les étudiants) devant chaque feuille (ou tableau) et demandez à chaque groupe responsable d'expliquer ses choix de critères et de magasins correspondant à ces critères. Demandez aux autres s'ils sont d'accord. Suscitez des discussions.

Activité 11A

Travailler à Paris: Où? Et avec qui? I

Objectif	Comprendre la nature d'un commerce.
Niveaux suggérés	1 et 2
Votre tâche	Donnez aux étudiants l'activité ci-dessous.

Activité des étudiants

Activité 11A *Travailler à Paris: Où? Et avec qui? I*
(à faire individuellement)

Contexte Imaginez que vous avez l'occasion de passer l'été prochain dans ce quartier de Paris et de travailler pour un des commerces, cafés, ou restaurants de votre choix.

Tâche Sélectionnez un commerce ou un(e) commerçant(e) dans le quartier. Notez quatre détails qui vous inciteraient à vouloir travailler là, ainsi que les raisons pour lesquelles ces détails sont importants pour vous. Ils peuvent être en rapport avec la nature du commerce lui-même et/ou en rapport avec le (la) commerçant(e).

Outils Guide (Lieux)

Nom du commerce

Détail 1	
Raison	

Nom du commerce

Détail 2	
Raison	
Détail 3	
Raison	
Détail 4	
Raison	

En classe

I Travail de groupe

1. Demandez aux étudiants de former des groupes en fonction de leur choix. Ceux qui auront choisi le même commerce ou magasin se mettront ensemble (pas plus de trois par groupe).

2. Demandez-leur de se communiquer les raisons de leur choix.

3. Demandez-leur de rédiger un tract (à distribuer sur les voitures garées dans la rue) qui propose un job aux étudiants pour prendre leur suite quand ils partiront! Ce tract devra, bien entendu, vanter les avantages de travailler dans ce commerce. Pour le rédiger, les étudiants devront combiner leurs idées.

Ex: «Job pour étudiant! [Nom du commerce] cherche étudiant ou étudiante pour travailler . . .»

II Mise en commun

1. Demandez à chaque groupe de lire ou de distribuer leur tract aux autres groupes.

   2. Voyez si les informations reflètent bien la réalité.

Activité 11B

Travailler à Paris: Où? Et avec qui? II

Note: Cette activité est essentiellement la même que la précédente, mais il y a deux activités à faire (Activité 11B1 et Activité 11B2). Elles vont seulement plus loin dans l'exploration de la notion de «travail.» Il n'est donc pas nécessaire de faire faire les deux 11A et 11B aux étudiants. A vous de choisir celle que vous voulez leur donner et selon leur niveau.

Objectif Comprendre la nature d'un commerce; comprendre ce que «travailler» veut dire.

Niveau suggéré 2

Votre tâche Donnez aux étudiants l'activité ci-dessous.

Activités des étudiants

Activité 11B *Travailler à Paris: Où? Et avec qui? II*
(à faire individuellement)
   Note: Il y a deux activités à faire. (Activité 11B1 et 11B2)

Activité 11B1 *Contexte* Imaginez que vous avez l'occasion de passer l'été prochain dans ce quartier de Paris et de travailler pour un des commerces, cafés, ou restaurants de votre choix.

Tâche Sélectionnez un commerce ou un(e) commerçant(e). Notez quatre détails qui vous inciteraient à vouloir travailler là, ainsi que les raisons pour lesquelles ces détails sont importants pour vous. Ils peuvent être en rapport avec la nature du commerce lui-même et/ou en rapport avec le (la) commerçant(e).
   Remplissez la grille ci-dessous.

Outils Guide (Lieux)

Détail 1	
Raison	
Détail 2	
Raison	
Détail 3	
Raison	
Détail 4	
Raison	

Activité 11B2   *Tâche* Allez explorer la partie du Guide intitulée Paroles, puis les mots «travail» et «travailler.» Essayez de comprendre le sens que les gens donnent aux mots «travailler» et «travail.» Remplissez la grille ci-dessous:

Qui en parle?	Qu'est-ce-qu'ils disent?	Qu'est-ce qu'ils veulent dire?
Ex: Mme Izraël	*«On ne vit pas d'amour et d'eau fraîche, on vit pour travailler»*	*Travailler, c'est vivre. Par extension: si les gens ne travaillent plus dans le quartier, le quartier ne vit plus.*
1.		
2.		
3.		

En classe

I Travail de groupe

1. Demandez aux étudiants de former des groupes en fonction de leur choix. Ceux qui auront choisi le même commerce ou magasin se mettront ensemble (pas plus de trois par groupe).

    2. Demandez-leur de se communiquer les raisons de leur choix.

II Mise en commun

1. Demandez à chaque groupe de dire où les étudiants ont choisi de travailler et pourquoi.

2. Demandez-leur de dire quelles observations ils ont faites sur la notion de «travail» (tâche 11B2).

Essayer de faire ressortir que pour certains commerçant(e)s (Mme Ledoux, Mme Lévy) «travailler» veut dire «vendre.» Pour d'autres (comme Mme Izraël, M. Desmarty, M. Arguence), «travailler» veut dire travailler avec ses mains, fabriquer, aider les clients.

Avec le CD-ROM à l'appui, montrez le dédain exprimé, par les expressions du visage, par Mme Izraël («ils sont charmants, mais . . .») et M. Arguence («on n'est vraiment que trois à travailler») quand ils parlent de certains autres commerçants. De qui parlent-ils? Qui excluent-ils?

Remarque

On peut demander aux étudiants, avant la tâche 2, de finir la phrase suivante: «Travailler, pour moi, c'est . . .» Ou bien «Le travail, pour moi, c'est . . .» Demandez-leur aussi de chercher la définition de «travail» et «travailler» dans le dictionnaire.

Pour aller plus loin

L'activité 11B1 peut déboucher sur l'activité écrite suivante.

Sujet: Vous avez sélectionné le commerce pour lequel vous désirez travailler. Rédigez une courte lettre à l'intention du propriétaire du commerce, café, ou restaurant pour prendre contact et vous présenter. Attention au style de votre lettre. Ne soyez pas trop familier. Soyez le plus franc possible, dans la façon dont vous vous présentez, mais faites valoir le mieux possible vos qualités propres.

En classe, vous pouvez distribuer les lettres, en enlevant si possible les noms, et demander à des «propriétaires» désignés au sort si le candidat leur semble acceptable. Dans le cas où plusieurs étudiants veulent travailler au même endroit, ces propriétaires sélectionnent en groupe un des candidats.

Activité 12A

Les attitudes des habitants et des commerçants
vis-à-vis de leur quartier

Objectif	Comprendre les attitudes des gens vis-à-vis de leur quartier.
Niveau suggéré	1 et 2
Votre tâche	Donnez aux étudiants l'activité ci-dessous.

Activité des étudiants

Activité 12A *Les attitudes des habitants et des commerçants*
vis-à-vis de leur quartier
(à faire individuellement)

Contexte Imaginez que vous êtes étudiant(e) en sociologie et que vous faites une enquête sur la façon dont les habitants perçoivent leur quartier.

Tâche Vous allez «interviewer» quatre habitants ou commerçants de ce quartier et rapporter les informations demandées ci-dessous.

Outils Guide (Paroles et Perspectives)

Habitant /commerçant 1	Habitant /commerçant 2
Nom	*Nom*
Age (estimation)	*Age (estimation)*

Habitant / commerçant 1	Habitant / commerçant 2
Profession	*Profession*
Depuis combien de temps dans le quartier?	*Depuis combien de temps dans le quartier?*
Attitude positive ou négative? *Notez des exemples.*	*Attitude positive ou négative?* *Notez des exemples.*
Point de vue sur le quartier	*Point de vue sur le quartier*

Habitant / commerçant 3	Habitant / commerçant 4
Nom	*Nom*
Age (estimation)	*Age (estimation)*

Profession	*Profession*
Depuis combien de temps dans le quartier?	*Depuis combien de temps dans le quartier?*
Attitude positive ou négative? *Notez des exemples.*	*Attitude positive ou négative?* *Notez des exemples.*
Point de vue sur le quartier	*Point de vue sur le quartier*

En classe

I Travail de groupe

1. Mettez les étudiants en groupes de trois ou quatre.

2. Demandez-leur de comparer leurs réponses et d'essayer de voir les différentes notions et points de vue qui émergent. *Ex:*

—C'est un quartier différent des autres (Mme Ledoux, Mme Lévy).

—C'est un quartier vivant (Mme Ledoux), ou c'est un quartier mort (Mme Izraël).

—Les petits commerçants ont disparu (la famille, M. Desmarty).

—C'est un quartier plein de souvenirs historiques (M. Zimmerman, Mme Volpe).

II Mise en commun

1. Mettez au tableau les observations des étudiants, avec le nom de la ou les personne(s) associée(s) à ce point de vue. *Ex:* c'est un quartier vivant (Mme Ledoux, Mme Lévy).

2. Analysez le rapport entre le point de vue exprimé sur le quartier et la personne qui l'exprime. Faites remarquer que ceux qui pensent que le quartier est «vivant» sont les plus récemment arrivés. «Vivant» pour eux n'a pas la même signification que pour les anciens. Pour ces derniers, ce qui fait la «vie» d'un quartier étaient les petits commerçants, c'est-à-dire les commerces quotidiens (*ex:* famille sur la Place des Vosges, Mme Izraël, M. Arguence) et le fait qu'avant, les commerçants habitaient dans le quartier (M. Desmarty, Mme Izraël / audio interview), ce qui n'est plus le cas maintenant. Pour les autres, c'est vivant parce que c'est «original», «différent» (Mme Ledoux, Mme Lévy). Les référents ne sont pas du tout les mêmes.

Activité 12B

*Les attitudes des habitants et des commerçants
vis-à-vis de l'évolution de leur quartier*

Note: Cette activité étant essentiellement la même que la précédente (mis à part que le questionnaire est plus complexe et que l'analyse est poussée plus loin), il n'est donc pas nécessaire que les étudiants fassent les deux. A vous de choisir celle que vous voulez leur donner, selon leur niveau.

Il existe plusieurs variantes à cette activité. A vous de décider laquelle utiliser. Vous pouvez, bien sûr, les utiliser toutes.

Objectif

Comprendre les attitudes des gens vis-à-vis de l'évolution de leur quartier (les types de changements; les facteurs qui ont contribué à ces changements; leurs attitudes vis-à-vis de ces changements).

Niveau suggéré

2

Votre tâche

Donnez aux étudiants l'activité ci-dessous.

Activité des étudiants

Activité 12B *Les attitudes des habitants et des commerçants
vis-à-vis de l'évolution de leur quartier*
(à faire individuellement)

Contexte Imaginez que vous êtes étudiant(e) en sociologie et que vous faites une enquête sur la façon dont les habitants et les commerçants voient l'évolution de leur quartier.

Tâche Vous allez interviewer quatre habitants ou commerçants de ce quartier et rapporter les informations demandées ci-dessous.

Si l'information n'est pas disponible ou si vous ne la trouvez pas, mettez un point d'interrogation.

Outils Guide (Paroles et Perspectives)

Ex: Habitant /commerçant

Nom une vieille femme	
Depuis quand connaît-il (elle) le quartier? Depuis soixante ans	*Qu'est-ce qui a occasionné ces changements?* La mairie de Paris qui rénove et qui reloge les gens.
Quels changements a-t-il (elle) observés? «Je ne connais plus personne.»	*Son attitude vis-à-vis de ces changements?* «Je ne dors plus, je ne vis plus.» «Pour moi, ça va être la mort.»

Habitant /commerçant 1	Habitant /commerçant 2
Nom	*Nom*
Depuis quand connaît-il (elle) le quartier?	*Depuis quand connaît-il (elle) le quartier?*
Quels changements a-t-il (elle) observés?	*Quels changements a-t-il (elle) observés?*

Habitant / commerçant 1	Habitant / commerçant 2
Qu'est-ce qui a occasionné ces changements?	*Qu'est-ce qui a occasionné ces changements?*
Son attitude vis-à-vis de ces changements?	*Son attitude vis-à-vis de ces changements?*

Habitant / commerçant 3	Habitant / commerçant 4
Nom	*Nom*
Depuis quand connaît-il (elle) le quartier?	*Depuis quand connaît-il (elle) le quartier?*
Quels changements a-t-il (elle) observés?	*Quels changements a-t-il (elle) observés?*
Qu'est-ce qui a occasionné ces changements?	*Qu'est-ce qui a occasionné ces changements?*

Habitant/commerçant 3	Habitant/commerçant 4
Son attitude vis-à-vis de ces changements?	*Son attitude vis-à-vis de ces changements?*

En classe

I Travail de groupe

1. Mettez les étudiants en groupes de trois ou quatre.

2. Demandez-leur de comparer leurs réponses et de compléter éventuellement leurs informations.

II Mise en commun

1. Demandez aux étudiants de dresser la liste des facteurs ayant contribué à la transformation du quartier et les conséquences qui en découlent.

Ex: La guerre d'Algérie a changé la population; la rénovation (rôle de la Ville de Paris) a fait monter les prix, donc les gens sont obligés de partir (la vieille femme), ce qui à son tour a fait disparaître les petits commerces, etc.

Pour chacun des facteurs de changements, trouver des illustrations: Qui les évoque? Qui en a souffert? Comment?

2. Analysez l'exemple de la vieille femme. Rapprochez ce qu'elle dit («c'est ma mort, madame!») de ce que dit l'adjointe au maire («il faut reloger les gens», «on essaye dans la mesure du possible de laisser [les vieilles personnes] dans le quartier . . . parce que quand on a soixante-dix ou quatre-vingt ans et qu'on vous déracine, c'est . . . c'est la mort»).

Variante 1

Objectif

Faire prendre conscience aux étudiants de la complexité et de la diversité du quartier, en repérant les contradictions dans le discours des personnes interrrogées et en analysant ce que veulent dire ces contradictions chez ceux qui parlent.

Activité des étudiants

Tâche Visitez le quartier, écoutez les gens qui y travaillent ou qui y habitent, et notez tous les contrastes que vous remarquerez. Par exemple: commerçants anciens, commerçants nouveaux; gens qui quittent le quartier, gens qui veulent habiter le quartier. Vous présenterez votre travail sous deux formes:

—une liste des contrastes que vous avez remarqués, et

—une série d'images ou de segments vidéos permettant d'illustrer ces contrastes (repérez les images et/ou segments et imprimez-les si vous le pouvez).

Note: Les contrastes peuvent apparaître dans les interviews (*ex:* c'est un quartier vivant, c'est un quartier qui ne vit plus), mais aussi dans votre exploration visuelle du quartier (*ex:* la crèche au dos de l'Eglise St. Gervais).

Outils Tout le programme

En classe

I Travail de groupe

1. Mettez les étudiants en groupes de trois et demandez-leur de comparer et combiner leurs listes et de créer des catégories.

2. Si le CD-ROM est présent dans la salle de classe, demandez aux étudiants de présenter leurs images ou extraits vidéo aux autres étudiants.

Vous pouvez aussi dire aux étudiants de présenter ces documents visuels tels quels (sans les commenter) et demander aux étudiants qui les regardent de deviner eux-mêmes quels contrastes ils illustrent.

II Mise en commun

1. Mettez en commun toutes les catégories de toute la classe.

2. Mettez en relief les multiples aspects du quartier: par exemple, le quartier est à la fois mort (*ex:* Mme Izraël) et vivant (*ex:* Mme Lévy), à la fois ouvert aux nouveaux venus (*ex:* la passante) et étouffant (*ex:* Valérie); il possède des caractéristiques à la fois d'une grande ville et d'un petit village; il est à la fois cher et populaire.

Ce travail sur les contrastes et les contradictions peut amener à se poser la question de savoir si tous les gens parlent vraiment des mêmes choses. Comment réconcilier les contraires?

Piste à explorer avec les étudiants: la perception de la vie de quartier est souvent liée à une expérience individuelle.

Variante 2

Objectif
Analyser et comprendre le rôle de la Ville de Paris dans l'évolution du quartier.

Activité des étudiants

Contexte Lors de l'activité précédente, vous avez rendu visite aux commerçants du quartier.

Tâche 1 A partir des notes que vous avez prises lors de votre «visite», indiquez dans le tableau suivant si leur installation dans le quartier est l'effet ou non d'une décision de la Ville de Paris. Si oui, notez les critères de sélection évoqués.

Nom du commerçant, de la boutique	Décision de la Ville de Paris?	Critères de sélection

Tâche 2 Vous avez maintenant décidé d'ouvrir une boutique dans le quartier. Visitez les rues (voir Pot-Pourri) pour repérer un espace actuellement inoccupé. En tenant compte de ce que vous avez observé, faites une proposition à la mairie de Paris, pour pouvoir ouvrir votre propre boutique:

— Qu'allez-vous vendre? Pourquoi souhaitez-vous vous établir dans ce quartier?

— Qu'allez-vous, selon vous, apporter au quartier?

— Comment allez-vous vous intégrer au quartier?

En classe

Demandez aux groupes concurrents de présenter leur projet. Le reste de la classe devient alors jury. A la fin des présentations, on vote pour le projet le plus intéressant. Autre variante possible: le jury est composé de commerçants actuels, Mme Lévy, M. Arguence, etc., et les étudiants jouent leur rôle au moment de voter et leur choix s'inscrit dans la logique de ce qu'ils connaissent de ces personnes.

Activité 13A

Des expressions, des regards, et des gestes

qui en disent long I

Objectif	Sensibiliser les étudiants à la signification d'un regard, d'un geste, et du ton de la voix.
Niveaux suggérés	1 et 2
Travail préalable	Si vous avez le CD-ROM en classe, repérez à l'avance les segments qui correspondent aux portraits ci-dessous, de façon à ce que vous puissiez y accéder rapidement pendant la mise en commun.
Votre tâche	Demandez aux étudiants de faire l'activité ci-dessous. *Note:* Les étudiants travaillent seulement sur les images ci-dessous, pas sur le CD-ROM.

Activité des étudiants

Activité 13A *Des expressions, des regards, et des gestes qui en disent long I*
(à faire individuellement)

Tâche Voici une galerie de portraits de gens. Ils ont tous des gestes qui en disent long. Pour chaque personne:

—notez son nom (sous le portrait)

—choisissez, parmi les trois phrases proposées, celle qui d'après vous accompagne les photos ci-contre. Laissez-vous en partie guider par ce que vous savez (ou ce dont vous vous souvenez) de la personne.

    Note: Vous travaillerez seulement sur les images ci-dessous, pas sur le CD-ROM.

Nom:

Choisissez, parmi les trois phrases proposées ci-dessous, celle qui, d'après vous, accompagne la photo ci-contre.

1. «Pas en été, mais en hiver!»
2. «Il faut faire très attention!»
3. «Ce n'est pas du tout comme ça!»

Nom:

Choisissez, parmi les trois phrases proposées ci-dessous, celle qui, d'après vous, accompagne la photo ci-contre.

1. «C'est une honte!»
2. «C'est totalement faux!»
3. «C'est le cas du quartier à côté.»

Nom:

Choisissez, parmi les trois phrases proposées ci-dessous, celle qui, d'après vous, accompagne la photo ci-contre.

1. «C'est vraiment dommage!»
2. «Les choses ont beaucoup changé.»
3. «Les gens viennent constamment me voir.»

Nom:

Choisissez, parmi les trois phrases proposées ci-dessous, celle qui, d'après vous, accompagne la photo ci-contre.

1. «C'est trop petit ici!»
2. «Je voulais un petit endroit!»
3. «On trouve tout sur cette place.»

Nom:

Choisissez, parmi les trois phrases proposées ci-dessous, celle qui, d'après vous, accompagne la photo ci-contre.

1. «Je suis vraiment très surpris.»

2. «On est seulement trois!»

3. «Je suis allé trois fois à la mairie.»

En classe

I Travail de groupe

Mettez les étudiants en groupes de trois ou quatre et demandez-leur d'échanger leurs avis sur la phrase dite et de justifier leur choix.

II Mise en commun

Scénario 1 (Si vous avez le CD-ROM en classe)

1. Passez chaque portrait en revue et demandez à l'ensemble de la classe de voter pour la phrase la plus probable. Notez au tableau le résultat du vote. Demandez aux étudiants de discuter de leurs divergences d'opinion ou d'interprétation.

2. Essayez de retrouver l'image et projetez-la sur un écran. Le texte apparaît ci-dessous. Il vous suffira de regarder la transcription pour voir où se situe le texte. Faites jouer le segment et suscitez une discussion.

«Car le plus joli coup d'oeil d'ici est vu de . . . du coin du pont.

En hiver, quand Paris n'est pas masqué par ces magnifiques arbres.»

Le père: «C[e] qui est curieux c'est qu'on . . . on retrouve . . . on retrouve la sensation de quartier uniquement dans les endroits qui sont habités maint[e]nant par les minorités.»

La fille: «Voilà! Exactement! Voilà.»

Question: «Par exemple?»

Le père: «Par exemple, *vous en avez un typique, à côté, à . . . à 200m d'ici* . . .»

«Je n[e] sais pas, mais j[e] suis tellement bien dans mon cadre . . . telle-ment . . . si vous voulez, les gens m[e] connaissent, me font confiance, me racontent leurs his . . . J[e] connais les histoires de tout l[e] monde, parce qu'i[ls] viennent et, en même temps, i[ls] s[e] confient et je sais tout c[e] qui s[e] passe, leurs chagrins, leurs bonheurs . . . et alors . . . si vous voulez c'est un p[e]tit peu.»

«Quand j[e] suis arrivé sur cette place, j'ai dit «Cette place, c'est Pitchi Poï.» C'est-à-dire c'est ce petit endroit, ce petit pays . . . parce que j[e] voulais faire un restaurant qui soit un endroit . . . et qui [ne] soit pas at-taché à un nom: j[e] voulais qu[e] ça soit un endroit, un lieu.»

«Alors, sur le . . . sur trente commerçants *on est trois réellement à donner d[e] la vie, à travailler réellement,* à faire vraiment un travail.»

3. Demandez aux étudiants de redire la phrase en imitant l'expression du visage (ou le geste) et le ton.

4. Pour chaque personne observée, élargissez la discussion et deman-dez si la phrase, l'expression, le geste, le ton, reflètent l'attitude générale de la personne sur le quartier ou la vie.

Scénario 2 (Si vous n'avez pas le CD-ROM en classe)
Notez au tableau les noms de tous les portraits et suivez les étapes ci-dessus, avec les modifications notées ci-dessous:

1. Passez chaque portrait en revue et demandez à l'ensemble de la classe de voter pour la phrase la plus probable. Notez au tableau le résul-tat du vote. Demandez aux étudiants de discuter de leurs divergences d'opinion ou d'interprétation.

2. Demandez également aux étudiants de reconstruire de mémoire le ton sur lequel chaque phrase est ou pourrait être dite.

3. Demandez-leur de redire cette phrase en imitant l'expression du visage (ou le geste) et le ton.

4. Pour chaque personne observée, élargissez la discussion et deman-dez si la phrase, l'expression, le geste, le ton, reflètent l'attitude générale de la personne sur le quartier ou sur la vie.

Activité 13b

Des expressions, des regards, et des gestes

qui en disent long II

Objectif	Sensibiliser les étudiants à la signification d'un regard, d'un geste, et du ton de la voix.
Niveau suggéré	2

Note: Cette activité est essentiellement la même que la précédente. Elle est plus difficile cependant dans la mesure où les étudiants ne doivent pas *choisir* une phrase mais en *créer* une.

Travail préalable	Si vous avez le CD-ROM en classe, repérez à l'avance les segments qui correspondent aux portraits ci-dessous, de façon à ce que vous puissiez y accéder rapidement pendant la mise en commun.
Votre tâche	Demandez aux étudiants de faire l'activité ci-dessous.

Activité des étudiants

Activité 13b *Des expressions, des regards, et des gestes qui en disent long II*
(à faire individuellement)
Note: Vous travaillerez seulement sur les images ci-dessous, pas sur le CD-ROM.

Tâche Voici une galerie de portraits de gens. Ils ont tous des regards ou des expressions qui en disent long. Pour chaque personne, indiquez son nom et dites ce que signifie, à votre avis, l'expression de son visage. Imaginez une phrase qui pourrait accompagner cette expression. Laissez-vous en partie guider par ce que vous savez (ou ce dont vous vous souvenez) de la personne.

Nom:

1. Indiquez quel sentiment cette expression pourrait exprimer.
2. Imaginez des mots qui pourraient accompagner cette expression ou ce geste.

Nom:

1. Indiquez quel sentiment cette expression pourrait exprimer.
2. Imaginez des mots qui pourraient accompagner cette expression ou ce geste.

Nom:

1. Indiquez quel sentiment cette expression pourrait exprimer.
2. Imaginez des mots qui pourraient accompagner cette expression ou ce geste.

Nom:

1. Indiquez quel sentiment cette expression pourrait exprimer.
2. Imaginez des mots qui pourraient accompagner cette expression ou ce geste.

Nom:

1. Indiquez quel sentiment cette expression ou ce geste pourrait exprimer.

2. Imaginez des mots qui pourraient accompagner cette expression ou ce geste.

En classe

I Travail de groupe

1. Mettez les étudiants en groupes de trois ou quatre et demandez-leur d'échanger leurs informations et interprétations et les mots qui selon eux pourraient accompagner ces portraits. Si vous avez plusieurs tableaux dans la classe, demandez à chaque groupe d'y écrire ses interprétations.

2. Demandez ensuite aux étudiants de décider ensemble quelle interprétation leur paraît la plus plausible (en fonction de ce qu'ils savent de la personne).

II Mise en commun

Scénario 1 (Si vous avez le CD-ROM en classe et pouvez projeter l'image sur un écran)

1. Passez chaque portrait en revue et demandez à l'ensemble de la classe les différentes interprétations possibles de l'expression du visage ou du regard. Notez-les au tableau.

2. Demandez aux étudiants d'imiter l'expression du visage et de dire quels mots pourraient accompagner cette expression. Il pourrait y avoir plusieurs interprétations plausibles. A vous de faire l'arbitre et d'accepter ou non.

Pour vous aider à repérer le segment dans lequel on voit cette expression, voici la transcription du texte pour chaque photo:

Expression de la nostalgie, du regret: «C'était mieux avant . . . !» (on ne peut pas le nier).
«Ah ben, moi . . .
. . . c'était mieux avant! Ah oui . . . ah oui . . . les souvenirs d'avant . . . non . . .
c'était mieux à . . . à tous points d[e] vue.»

Expression de la lassitude, de l'ennui: «C'est pas l'idéal!» (Il y a des aspects du quartier qui ne lui plaisent pas du tout.)
«Non, il est bien, mais on s'en lasse.
[Il] y a toujours les mêmes choses . . . toujours les mêmes discussions . . . alors c'est . . . c'est lassant . . . on a besoin d[e] choses nouvelles . . . et puis aussi la mer, parce qu'ici, [il] [n']y a pas la mer, hein . . . la chaleur, [il] y a . . .
c'est c[e] qui manque, quoi!»

Expression de l'évidence: «Eh oui, sans aucun doute!» La mère et la fille sont toutes les deux d'accord avec le commentaire suivant de la fille (tout à fait à la fin de l'interview): «Mais pour . . . pour la vie du quartier, une galerie d'art ne remplacera jamais un cordonnier. C'est tout!»

Auto-satisfaction (il est content de sa formule finale): «Et c[e] [n']est pas la peine de faire pour un Français beaucoup d[e] kilomètres pour trouver des coins que certains touristes découvrent à l'autre bout du monde.»

Expression de désaccord et d'agacement. Il rejette ce que dit l'autre.
Autre marchand: «Mais l'hiver . . . mais l'hiver on [ne] travaille pas!»
Le marchand: «. . . ah ça! [il ne] faut pas dire ça! ça n'a rien à voir avec le . . . ça n'a rien à voir avec la . . . la profession.»

3. Pour chaque personne observée, demandez aux étudiants d'élaborer.
Ex: Valérie exprime le fait qu'elle n'aimerait pas passer toute sa vie dans le quartier. Il y a des choses qu'elle n'aime pas (c'est trop petit, tout le monde se connaît, il n'y a pas la mer). Référez-vous à la transcription.

Demandez si l'expression reflète l'attitude générale de la personne sur le quartier ou sur la vie.

Scénario 2 (Si vous n'avez pas le CD-ROM en classe)

Notez au tableau les noms de tous les portraits et suivez les étapes ci-dessus, avec les modifications notées ci-dessous.

1. Passez chaque portrait en revue et demandez à l'ensemble de la classe de voter pour le sentiment le plus probable. Notez au tableau le résultat du vote. Demandez aux étudiants de discuter de leurs divergences d'opinions ou d'interprétations.

2. Demandez aux étudiants d'imiter l'expression du visage et de dire quels mots pourraient accompagner cette expression (il y a plusieurs possibilités).

3. Pour chaque personne observée, élargissez la discussion et demandez si la phrase ou l'expression reflète l'attitude générale de la personne sur le quartier ou sur la vie.

Activité 14

Qu'est-ce qui a changé?

Objectif	Prédire l'évolution du quartier, puis voir comment il a évolué.
Niveaux suggérés	1 et 2

Note: Cette activité est très différente de toutes les autres dans la mesure où le travail se fait non pas sur le CD-ROM mais sur le Web uniquement.

Travail préalable	A faire en classe avant de donner cette activité aux étudiants.
En classe	*I Travail de groupe*

Mettez les étudiants en groupes de trois ou quatre. Distribuez-leur la grille ci-dessous. Demandez-leur de faire la liste de tous les commerces qu'ils ont vus et/où ils sont allés, de discuter entre eux, et d'indiquer, à propos de chaque commerce, si à leur avis il existe encore ou non (et pourquoi).

Commerces vus ou visités	Ce commerce existe-t-il encore ou non?	Raisons de votre hypothèse

Commerces vus ou visités	Ce commerce existe-t-il encore ou non?	Raisons de votre hypothèse

II Mise en commun

Demandez à chaque groupe si en général les étudiants étaient d'accord sur les commerces qui allaient subsister et ceux qui allaient disparaître. Ecrivez au tableau le nom de tous les commerces à propos desquels ils ne sont pas arrivés à se mettre d'accord. Pour chaque commerce, notez les arguments pour et contre. Demandez à la classe de débattre.

Demandez aux étudiants de prédire quel nouveau type de commerce aura remplacé les anciens.

Y aura-t-il, à leur avis, d'autres types de changements?

Dites-leur qu'ils iront voir eux-mêmes sur le Web pour savoir s'ils ont raison ou non.

| Votre tâche | Donnez l'activité ci-dessous aux étudiants. |

Activité des étudiants

Activité 14 *Qu'est-ce qui a changé?*
(à faire à deux, de préférence)

Tâche Vous allez maintenant sur le Web pour voir si le quartier a évolué ou non et dans quel sens. Vous verrez si vos prédictions sont justes.

Outils Le Web
Allez sur le Web à l'adresse suivante:

   http://polyglot.mit.edu/html/Paris/images.html

   Vous y trouverez des photos prises dans les rues suivantes:
—la rue des Barres,
—la rue du Pont Louis-Philippe,
—la rue François-Miron,
—la rue Tiron,
—la rue de Rivoli,
et d'autres.

   Vous allez noter:
—les lieux/magasins que vous reconnaissez, ainsi que la rue dans laquelle ils sont situés. Si vous voyez des différences, notez-les.
—les lieux qui vous paraissent nouveaux, ainsi que la rue dans laquelle ils sont situés. Si vous pensez qu'ils ont remplacé un ancien commerce, notez-le.

   Remplissez la grille suivante:

Lieux/magasins que vous reconnaissez	Rue?	Différences?

Lieux/magasins que vous reconnaissez	Rue?	Différences?

Lieux/magasins nouveaux	Rue?	Magasins remplacés?

Lieux/magasins nouveaux	Rue?	Magasins remplacés?

Avez-vous remarqué d'autres types de changements ou de nouvelles choses? Notez ici vos observations.

En classe

Mise en commun (Le travail de groupe est déjà fait)
Demandez aux étudiants de vous dire quels magasins ou lieux ils ont reconnus. Notez-les au tableau. Sont-ils surpris de ce qu'ils ont vu par rapport à ce qu'ils avaient prédit? Ils peuvent se référer à la grille qu'ils avaient remplie en classe *avant* de faire cette activité.

Même chose pour les magasins nouveaux.

Demandez-leur ensuite de vous dire tous les autres types de changements qu'ils ont remarqués.

Faire comprendre qu'un quartier évolue toujours, dans des sens que l'on peut souvent prédire.

Demander quels commerces en général tendent à disparaître (les petits commerces/les commerces artisanaux) et lesquels ont tendance à subsister (les commerces nécessaires, tels que les pharmacies, les libre-services).

Les commerces qui ont disparu depuis:
—Magasin de laines (le premier à disparaître)
—La Serrurerie-Ferronnerie (a fermé. Les propriétaires sont partis à la retraite.)

Qu'est-ce qui a changé?

—Avec le Temps (remplacé par un magasin de papier à lettres de luxe: Calligrane).

Les commerces qui ont subsisté:

—Le luthier

—Le Monde des Epices

—La pharmacie

—Le libre-service

—Pitchi Poï

—Chez Julien.

Activité 15

Une journée dans le quartier: Ma visite

guidée et mes adresses secrètes

Note: Cette activité débouche sur un travail écrit.

Objectif	Extraire l'essence d'un lieu et d'une personne, et décrire et raconter sur un mode subjectif et intimiste.
Niveaux suggérés	1 et 2
Votre tâche	Donnez l'activité suivante aux étudiants. Dites-leur que, pour cette activité finale, l'important est d'essayer de saisir les aspects d'un lieu et d'une personne qu'ils ont eu particulièrement plaisir à voir ou à rencontrer. A eux de faire partager ce plaisir aux autres! Encouragez-les à écrire sur un ton très personnel.

Activité des étudiants

Activité 15 *Une journée dans le quartier: Ma visite guidée et mes adresses secrètes*

(à faire individuellement)

Ce travail constitue une sorte de résumé des activités que vous avez faites. Faites donc ressortir au mieux vos connaissances et votre compréhension du quartier.

Contexte Imaginez qu'on vous a demandé de collaborer à un nouveau guide sur Paris, qui va s'intituler «Une journée dans les quartiers de Paris.» Il est conçu à l'intention de ceux qui veulent découvrir un Paris «un peu plus secret.» Vous êtes responsable de ce quartier.

Tâche Vous proposez donc un itinéraire à suivre pendant toute une journée. Mentionnez des lieux à visiter, où s'arrêter pour déjeuner, dîner, etc. Pour chaque lieu, donnez quelques indications sur ce qu'on doit ou peut voir, qui on peut rencontrer, et pourquoi.

Conseils: Ecrivez sur le mode intime et personnel, comme si votre lecteur ou lectrice était un(e) ami(e) que vous preniez par la main pour lui faire découvrir ce quartier. Parlez des lieux et des gens que vous affectionnez particulièrement.

Variante

Pourquoi ne pas écrire un poème sur ce quartier de Paris que vous venez de découvrir? Il peut être lyrique, sentimental, un pastiche, ou une simple liste. Il peut être composé de quelques vers seulement (haiku) ou bien de plusieurs strophes. Laissez libre cours à votre imagination et à votre créativité.

Transcription des interviews

Les interviews apparaissent ci-dessous dans le même ordre que les photos des gens interviewés (voir la partie «Gens» du Guide). La majorité de ces interviews apparaissent sous la rubrique Tête-à-Tête, mais certains se trouvent également sous les rubriques Sons et Images et Pot-Pourri.

Ceux marqués d'une astérisque (*) sont exclusivement des interviews audio. Vous noterez également qu'une partie de l'interview de Mme Izraël—sous la rubrique Pot-Pourri—est sous forme audio.

Les interviews apparaissent sous forme segmentée, pour correspondre aux segments qui apparaissent dans la fenêtre Transcriptions.

Page 1

M. Arguence (le luthier, rue du Pont Louis-Philippe)

Le moine (de l'Eglise St. Gervais-St. Protais, rue des Barres)

Mme Lévy (propriétaire d'Avec le Temps, rue du Pont Louis-Philippe)

le directeur (de la Maison des Jeunes, rue des Barres)

M. Desmarty (le serrurier, rue du Pont Louis-Philippe)

l'artiste (à la terrasse de L'Ebouillanté, rue des Barres)

Mme Izraël (propriétaire du Monde des Epices, rue François-Miron)

Mme Ledoux (propriétaire du magasin de laines, rue du Pont Louis-Philippe)

*Une vieille femme (elle était assise sur la chaise qui apparaît sur la photo. Elle n'a pas voulu se faire photographier, rue François-Miron)

*L'adjointe au maire (de la mairie du IVème, Place Lobau)

Mme Volpe (habitante, rue des Hospitalières St. Gervais)

Valérie et Eric (propriétaires du bar Rencontres, rue des Ecouffes)

Page 2

M. Bouscarel (propriétaire de La Tartine, rue de Rivoli)

M. Zimmerman (propriétaire de Pitchi Poï, Place du Marché Ste.-Catherine)

un client (du Café La Tartine, rue de Rivoli)

une passante (rue de Rivoli)

un marchand (de quatre saisons, rue St. Antoine)

une marchande (de quatre saisons, rue St. Antoine)

la femme au livre (Place des Vosges)

une jeune mère (Place des Vosges)

*la directrice (de la bibliothèque Forney, Hôtel de Sens)

une famille (Place des Vosges)

Page 1

M. Arguence (luthier, rue du Pont Louis-Philippe)

Segment 1 (qui apparaît sous la rubrique Sons et Images)

M. Arguence: Bon, alors, j[e] disais que les . . . l'histoire des . . . du luthier
. . . et puis bon, en fait, donc j'ai appris l[e] métier comme ça . . .

Et puis, euh . . . chez les uns, chez les autres . . .

Euh . . . Bon, j'ai commencé aussi à une période où on pouvait rentrer
chez des artisans pour travailler.

C[e] qui m'a permis d'apprendre le métier sur [le] tas, quoi.

Bon, comme un saltimbanque.

Question: Qu'est-ce que vous faites exactement?

M. Arguence: Et ben, moi je suis fabricant, restaurateur.

Question: Vous créez . . .

M. Arguence: Euh . . . oui.

Je fabrique aussi, oui.

Question: Vous restaurez?

Et j[e] restaure. J[e] fais des copies d'instruments anciens.

J[e] travaille beaucoup pour des pays étrangers, euh . . . notamment pour
les Etats-Unis.

Question: Ce sont des commandes, alors, particulières?

M. Arguence: Mais c'est des . . . ben, c'est des commandes que j'ai, oui.

Et puis, c'est des copies d'instruments anciens que j[e] fabrique. Et puis
euh . . . et puis voilà, quoi.

Segment 2 (qui apparaît sous la rubrique Tête-à-Tête)

Question: Alors, est-ce que ce quartier, cette rue, c'est un peu . . . un peu
. . . un hasard?

ou bien quand même . . . [il] y a . . . vous avez r[e]cherché par ici?

M. Arguence: Non. En fait, c[e] [n'] est pas un hasard.

C[e] [n'] est pas du tout un hasard parce que . . . [en]fin . . . cette rue, ça
fait partie d'un monument historique . . .

c'est . . . c'est . . . c'est classé monument historique.

Et or, Monsieur Chirac,

[il] y a quatre ans, même [il] y a deux ans, a dit:

«On veut des artistes dans . . . dans la rue du Pont Louis-Philippe.»

«C'est ma rue à moi; c'est mon bébé à moi»

«c'est . . . euh . . . mon . . . mon enfant que je crée de toutes pièces . . . de mon intelligence» et tout, et tout, et tout, et tout . . .

Et un jour, ben, j[e] suis arrivé, un p[e]tit peu . . . euh . . . hébété, à la mairie d[e] Paris

et p[uis] on m'a dit: «mais bonjour Monsieur l[e] luthier du quatrième» parce que j'étais l[e] seul luthier du quatrième

«voilà, on a une boutique de disponible, là, vous voulez la prendre?»

«Ah!» j'ai dit «Mais c'est fantastique ça!» surtout qu[e] j'en cherchais une.

Parce que j'avais été viré d[e] mon ancienne boutique.

Alors j[e] me suis installé là, tout content . . . etc. . . . et puis . . . Et Monsieur Philippe, là, i[l] m'a aidé.

Eh ben v[oi]là. Il est . . . lui. C'est lui, là, Philippe . . .

Ben, c'est-à-dire que . . . [il] y a le . . .

[En]fin le quartier du quatrième se situe en plusieurs . . . en plusieurs secteurs.

Euh bon, [il] y a le . . . [il] y a le secteur, on dit, «l'après rue d[e] Rivoli.»

Et le . . . [il] y a le . . . le côté Ile St.-Louis.

Alors, nous on est côté Ile St.-Louis, alors là c'est l[e] côté huppé

c'est l[e] côté un p[e]tit peu . . . pttt . . . pttt . . .

L'aut[r]e côté, la rue d[e] Rivoli . . . Bon, moi j'habite au 36, rue Vieille du Temple.

Donc, c'est au bout d[e] la rue, d[e] l'aut[r]e côté d[e] Rivoli.

Alors, là, l'esprit est différent. C'est un autre esprit.

Bon, c'est un p[e]tit peu . . . un p[e]tit peu différent.

Là, [il] y a des vrais commerçants, on dirait. Il y en a vraiment des vrais, vrais.

Euh . . . Et moi j[e] préfère habiter d[e] ce côté que d'habiter d[e] ce côté.

Et ensuite, [il] y a l'aut[r]e quartier

le quartier Beaubourg, j'y ai travaillé, j'y ai habité aussi,

euh . . . qui est maintenant un quartier qui est complètement euh . . .

différent de c[e] qu'i[l] était [il] y a dix ans.

Ça fait euh . . . quinze ans que j[e] me traîne dans l[e] quatrième . . .

Mais euh . . . [en]fin, ce quartier, il est bien, il devrait êt[r]e mieux.

Mais j[e] crois qu'il faudrait . . . euh . . . réellement . . . euh . . . travailler différemment.

Question: Mais alors, vous avez l'impression qu'[il] y a une vie d[e] quartier ou pas vraiment?

M. Arguence: Ici?

[*Question:* . . . ou elle a disparu?]

M. Arguence: [Il] y a une fausse vie d[e] quartier.

[Il] y a une fausse vie d[e] quartier. Ça se sent, d'ailleurs, énormément.

En fait, la vie d[e] quartier, elle est uniquement avec les commerçants. Et en gros, bon . . . Et encore . . .

Question: Avec les p[e]tits commerces quotidiens quand même.

M. Arguence: Les commerces quotidiens, ceux où [il] y a du passage.

Ceux où [il] y a toujours des . . . la clientèle qui arrive.

Par exemple, vous allez chez Lévy, elle dit: «Allez voir le luthier!» Et puis, bon ben . . .

. . . le luthier il est là . . . : «Tiens, j[e] cherche des fringues anciennes, des . . . des jupons, ou des pompons»

ou n'importe quoi: «allez chez Madame Lévy, parce qu'elle, elle . . . elle vend des choses comme ça.»

Et, en fait, c'est ça! On vit comme ça . . . on vit . . . entre nous et tout.

Mais sinon, on est combien à vivre, Philippe, là comme ça?

On est . . . [il] y a Lévy, [il] y a mon pote le serrurier

et p[u]is [il] y a ici, puis point c'est tout. Alors, sur le . . . sur trente commerçants

on est trois réellement à donner d[e] la vie, à travailler réellement, à faire vraiment un travail.

Le moine (devant l'Eglise St. Gervais)

Le moine: L'Eglise St. Gervais est une magnif . . . un magnifique bâtiment

qui nous a été donc confié par . . . le Cardinal Marty.

C'est un . . . une église euh . . . gothique

de la fin du gothique, puisque le plan en a été fait par l'architecte Chambiges

qui est un architecte de cathédrale.

Et le plan qui a été établi en 1494

a été scrupuleusement suivi malgré la longueur de la construction.

Mme Lévy (propriétaire d'Avec le Temps, rue du Pont Louis-Philippe)

Segment 1 (qui apparaît sous la rubrique Sons et Images)

Mme Lévy: Non. C'est plutôt les . . . les années quarante, hein, dans mon magasin euh . . .

C'est . . . ben, c[e] qui plaît le mieux actuellement, euh . . . aux femmes, ce sont les robes des années quarante, j[e] [ne] sais pas lesquelles vous montrer . . .

C'est-à-dire les robes qui sont . . . avec des jolis imprimés, comme celle-là, par exemple, hein.

Et . . . bon, alors, ça c'est . . . c'est, l'été, c[e] qui marche le mieux.

Mais c[e] que je fais aussi ce sont des . . . des jolies . . . des jolies robes des années trente.

Et ça c'est vraiment c[e] que j'aime le plus. Alors là je vous cherche une robe que j'adore et que je [ne] vais pas trouver, évidemment,

parce que comme c'était pas ... euh ... Voyez, bon ... voilà.

Alors, ça c'est vraiment euh ... des robes magnifiques qui ont [de] très, très belles découpes,

qui sont un très beau travail de construction, je trouve.

En fait, bon, [il] y a aussi des gens qui ont conservé les choses très bien.

Euh ... des dames qui m'apportent, dans des boîtes,

des robes absolument intactes qui [n'] ont presque jamais servi.

Et puis, [il] y a aussi euh ... des ventes aux enchères, [il] y a le ...

tout un système comme ça, quoi, où les objets ... où les vêtements sont

... sont mis en vente.

Et ... évidemment là, par exemple, les robes perlées, ça rentre dans ce circuit-là

parce que c'est ... c'est maint[e]nant euh ... coté, et très cher souvent. Hélas!

[Il] y a des robes avec griffes qui atteignent des prix absolument euh ... fous

... que je n'ai pas, hein! C'est vraiment ... Là, ça devient plutôt objet de collection que ... chose à porter.

[En]fin, moi je reste dans les choses qu'on peut mettre, qui n[e] sont pas simplement pour regarder.

En fait, les objets ... euh ... En plus, les gens ... ne les achètent qu'à une certaine période.

A Paris, ça marche comme ça.

C'est plutôt l'hiver qu'on s'occupe de sa maison à Paris.

L'été, on achète les robes, on va en vacances, on va au restaurant on dépense l'argent complètement différemment.

Et puis, à partir du mois d'octobre, on a envie de rentrer chez soi.

Alors, là, on pense un peu à la décoration,

on change son appartement, et là, effectivement, on vend mieux les objets.

Segment 2 (qui apparaît sous la rubrique Tête-à-Tête)

Question: Pourquoi ce quartier, ou cette rue? Ou c'est un p[e]tit peu par hasard? Ou ...

Mme Lévy: C[e] [n'] est pas vraiment par hasard. J'habite l'Ile St.-Louis. J[e] connaissais donc bien la rue.

Et ... euh ... elle me plaisait, elle est jolie, elle est vivante, euh ...

Puis c'est un ... un quartier aussi qui évolue actuellement

qui n'était pas du tout sous cet aspect ... [il] y a quelque temps, et qui change sans arrêt.

Alors, ça c'est aussi très attrayant.

Puis . . . euh . . . c'est joli, en plus, hein? C'est une très jolie rue. J[e] trouve qu'elle a un charme . . . euh . . . vraiment . . .

Elle est belle. C'est vraiment une des rues les . . . les plus charmantes du quartier, pour moi.

Question: Oui, oui. C'est juste . . . Quand vous dites: «C'est une rue vivante»

qu'est-c[e] qui . . . qu'est-ce-qui la rend vivante, à votre avis . . . euh . . . ?

Mme Lévy: Mais, c'est-à-dire que . . . Pour le moment, tout l[e] monde a envie d'être dans ce quartier et . . .

et ça la fait bouger beaucoup, enfin . . . Les boutiques sont quand même assez recherchées. Euh . . .

[il] y a aussi euh . . . des . . . des commerces ou des artisans euh . . . un p[e]tit peu différents

qui s'installent dans cette rue que dans d'autres quartiers.

C[e] [n'] est pas du tout le quartier commerçant classique.

[Il] y a un p[e]tit peu plus d[e] recherche, un p[e]tit peu plus de . . . d'originalité, hein . . . je pense.

Les premières boutiques qui s[e] sont installées . . .

la première, d'ailleurs, je crois, était la gal[e]rie «Agathe Gaillard»

et c'est elle un peu qui a fait démarrer cette rue

après, il y a eu donc . . . euh . . .

«Kimonoya» et «Papier Plus»

qui était aussi une démarche assez originale, parce que . . .

vendre du papier à lettres, à notre époque . . . c[e][n'] était pas vraiment . . .

Ça pouvait réussir ou n[e] pas réussir, mais c'était une idée très sympathique.

Et puis, [il] y a la très belle boutique

«Kimonoya» qui . . .

elle vend des . . . des objets japonais, d[e] l'artisanat japonais . . . très beau.

C'est pareil, c'était . . . c'était vraiment quelque chose de tout à fait inhabituel.

Alors, ça a donné un ton à la rue et puis

bon, j[e] crois qu[e] c'est c[e] qui m'a plu pour moi, pour c[e] que j[e] voulais faire . . .

Parce que j[e] pense que . . . j[e] [ne] pouvais pas m'installer à côté des Galeries Lafayette ou . . .

. . . ou . . . ou carrément à Saint-Germain-des-Prés,

c[e] [n'] est pas tout à fait la même . . . la même chose.

I[l] m[e] fallait un quartier un p[e]tit peu plus secret

un p[e]tit plus . . . euh . . . avec une différence, quoi, que j[e] retrouve ici.

Le directeur (de la Maison des Jeunes, rue des Barres)

Le directeur: Donc nous ici, spécifiquement, c'est la maison internationale de la jeunesse et des étudiants.

Question: Etudiants, c'est-à-dire, jusqu'à l'âge de . . .

Le directeur: Théoriquement c'est moins d[e] trente ans.

Moins d[e] trente ans, pour ne pas concurrencer l'hôtellerie traditionnelle qui n'a pas les mêmes charges que nous, les mêmes obligations.

Donc, on est spécifiquement entre dix-huit et trente ans.

Le directeur: En d[e]ssous de dix-huit ans, uniquement pour les personnes qui sont accompagnées . . .

par un responsable de groupe. Voilà.

Question: Alors . . .

les jeunes, aussi bien Français qu'étrangers, ou . . . ?

Le directeur: Tous les jeunes, sans distinction ni d[e] race ni d'opinion . . . absolument tout l[e] monde.

Question: Et c'est une façon, pour eux, j'imagine . . .

que les prix sont relativement bas.

Le directeur: Ah, le prix est . . .

Le prix est de cinquante-neuf francs la nuitée, c[e] qui est pratiquement c[e] qu'i[l] y a d[e] moins cher sur Paris . . .

tout en ayant une chambre avec le ménage fait tous les jours,

des draps dans les lits, et une douche dans chaque chambre. Nous, précisement, on a trois hôtels . . .

qui marchent suivant les mêmes conditions. C'est-à-dire, c[e] sont des hôtels euh . . . particuliers du Marais

qui ont été reconstruits dans la . . . le style de l'époque avec du mobilier d'époque

je [ne] dirais pas des douches d'époque, mais presque . . .

Et donc, nous avons euh . . . en tout, quat[r]e cents . . . quat[r]e cents lits à peu près

répartis sur quatre établissements.

M. Desmarty (serrurier, rue du Pont Louis-Philippe)

Question: Vous pouvez me dire alors depuis combien d[e] temps vous êtes . . . vous êtes dans l[e] quartier?

Et pourquoi est-ce que vous êtes venu dans l[e] quartier?

si [il] y a une raison particulière?

M. Desmarty: La raison particulière c'est que le . . . le . . . le père s'est installé dans cette boutique-là en 1943.

C'est une raison largement suffisante!

. . . pour pouvoir s'installer et faire son métier, quoi!

Question: Donc c'est votre père . . .

M. Desmarty: qui a . . . qui a commencé.

Question: qui l[e] premier est v[e]nu ici?

M. Desmarty: Oui. Et puis nous, on a commencé à travailler avec lui . . . euh . . .

oh, je pense . . . dès 1945, que[l]que chose comme ça.

Question: Dans cette même boutique, alors?

M. Desmarty: Dans cette même boutique.

On n'a jamais eu d'aut[r]e patron.

Question: Et . . . euh . . . donc . . . et alors, vous avez dû voir . . . le quartier beaucoup changer, quand même

le . . . le . . . le genre de magasin que . . .

M. Desmarty: Oh, il a changé beaucoup.

Non, [il] y avait . . . Dans c[e] quartier-là [il] y avait absolument . . .

la r[e]présentation d[e] tous les commerces. On avait . . . deux pharmaciens . . .

euh . . . deux crémiers

deux épiciers . . .

euh . . . deux bouchers

deux cordonniers . . .

euh . . . euh . . . marchands d[e] journaux . . .

euh . . . menuisiers . . .

euh . . . deux ou trois cafés . . .

C[e] qui [n'] existe plus quoi.

Question: Ça a disparu quand, tout ça alors?

M. Desmarty: Alors, ça a disparu . . . euh . . . du fait que la Ville de Paris ait racheté le haut d[e] la rue à une . . .

[il] y a environ une quinzaine d'années.

I[l]s ont fait . . . i[l]s . . . i[l]s . . . les . . . les . . . les commerçants qui étaient occupants . . . d[e] ces . . . ces locaux-là

sont partis du fait que la ville achetait et les . . . les indemnisait pour partir.

Question: Et la ville voulait qu'i[l]s partent ou . . . ?

M. Desmarty: Je [ne] sais pas quelles étaient les intentions d[e] la ville, en fait

dans . . . dans c[e] genre de choses.

Mais, le fait qu'i[l]s les aient indemnisés, ça les a fait partir.

Et . . . comme les commerçants, c'est des gens qui font travailler les . . . les aut[r]es commerces

parce que obligés d[e] faire leurs courses dans l[e] même quartier

obligés de . . . de . . . les aut[r]es petits commerces d'alimentation ont périclité.

On a vu disparaître les bouchers,

on a vu disparaître le boulanger,

on a vu disparaître des . . . des . . . des choses dans c[e] genre-là.

Question: Pour vous c'est un changement plutôt . . . négatif, alors?

M. Desmarty: Oui . . . Oui . . . Non, c'est . . . c'est . . . c'est négatif par le fait que ça [ne] vit p[l]us réellement.

Euh . . . Les . . . les gens qui viennent ici, ils [n'] y vivent pas

Alors que les . . . les . . . les anciens commerçants vivaient dans c[e] quartier-là.

Question: Vivaient? C'est-à-dire? Ça [ne] vit plus?

C'est-à-dire, pour vous? Qu'est-ce que ça veut dire? Qu'est[-ce que] ça r[e]présente vraiment?

M. Desmarty: Mais, non . . . mais i[l]s y vivaient, i[l]s y logeaient, i[l]s y mangeaient, i[l]s y dormaient . . . Euh . . .

euh . . . i[l]s sortaient . . .

C'est . . . c'était quand même une clientèle relativement privilégiée qui faisait tourner un commerce.

Hein. C[e] [n'] est pas . . .

Question: Pour vous, c'est un quartier qui a perdu un peu d[e] son âme, alors?

M. Desmarty: Oh, oui. Oui, oui. Indiscutablement.

L'artiste (au salon de thé l'Ebouillanté, rue des Barres)

L'artiste: Mon hobby, c'est de . . . d'essayer de peindre quelque chose de très correct

et c[e] qui m'intéresse le plus ce sont les vieilles maisons de Paris

les vieux toits, surtout, les vieilles cheminées.

Et . . . je considère que ce quartier est un des quartiers les plus intéressants au point d[e] vue architecture . . . des maisons anciennes.

Et, je m'attache . . . dans mes peintures à l'huile de reproduire

en les mini . . . miniaturisant au maximum, les éléments les plus intéressants d[e] l'architecture.

Voilà le . . . le style, si vous voulez, de c[e] que je prétends être ma peinture, euh . . .

préparant une exposition pour l'année prochaine.

Question: Et dans cette rue, alors, en . . . en particulier. Qu'est-ce qui vous attire?

L'artiste: Alors, cette rue est extrêmement intéressante

parce que . . . d'abord c'est une rue sans voitures, c[e] qui devient rare à Paris.

Ensuite, nous sommes . . . au dos d'un immeuble intéressant

d'une église intéressante: St. Gervais

et . . . qui malheureusement est un p[e]tit peu masquée par cette construction moderne

utilitaire social[e]ment puisque c'est une crèche, ha . . .

mais qui abîme beaucoup le coup d'oeil, vu du pont.

Car le plus joli coup d'oeil d'ici est vu de . . . du coin du pont.

En hiver, quand Paris n'est pas masqué par ces magnifiques arbres

où les feuilles cachent l'essentiel des maisons

donc, je crois que . . . Paris est surtout beau aux mois de janvier et février

. . .

en tant que bâtiments, que immeubles.

Eh bien, j[e] prends très grand plaisir à v[e]nir . . . rue des Barres

manger quelque chose à cette terrasse à l'italienne.

Et c[e] [n'] est pas la peine de faire pour un Français

beaucoup d[e] kilomètres pour trouver des coins

que certains touristes découvrent à l'autre bout du monde.

Mme Izraël (propriétaire du Monde des Epices, rue François-Miron)	*Segment 1 (qui apparaît sous Sons et Images)* *Question*: Vous nous parlez un p[e]tit peu, alors du . . . des produits qu[e] vous vendez . . . oui, de tout c[e] que vous vendez. *Mme Izraël*: Des produits qu[e] nous ven . . . ? Ben, nous faisons les alcools du monde entier, les vins du monde entier et les produits alimentaires du monde entier, les épices du monde entier. Donc vous voulez faire . . . Vous r[e]venez d'un voyage au Mexique si vous n'êtes pas mexicaine . . . vous voulez faire un repas mexicain . . . en partant des épices, des plats de base, du vin pour accompagner ou des bières euh . . . je vous conseille, si vous [le] désirez, un repas mexicain. Si vous êtes mexicaine et qu'i[l] vous manque que[l]que chose euh . . . j'essaie de vous avoir c[e] que vous voulez . . .

Segment 2 (qui apparaît sous Tête-à-Tête)

Mme Izraël: J[e] suis allée à l'école rue du . . . Fauconnier

c'est-à-dire à côté du lycée Charlemagne. Et à c[e] moment-là . . . euh . . .

rue du . . . rue Charlemagne, il [n'] y avait pas toutes ces démoli . . . [il] [n'] y avait qu[e] des démolitions

[il] [n'] y avait pas ces grandes, grandes maisons qu'[il] y avait maint[e]nant.

Alors, j'allais à l'école maternelle avec un vélo

et j'habitais, à c[e] moment-là, rue St.-Paul, au numéro 35.

Après, j[e] suis allée rue d[e] l'Ave Maria

à l'école maternelle

et puis j[e] suis allée rue Charlemagne

au lycée Charlemagne. A l'époque [il] [n'] y avait que des garçons j'étais la seule fille ou deux filles parmi 30 garçons.

Et puis voilà!

Ça c'était déjà . . . Après mon père a ach[e]té un magasin

qui s[e] situait là au 44 . . . euh . . . vous voyez le 44; [il] y a . . . Oui, là, juste à côté . . .

Et . . . puis après on a ach[e]té c[e] magasin-là.

Question: Alors, ça fait combien d[e] temps que . . . ce magasin est en place?

Mme Izraël: Euh . . . le magasin, ça fait combien d[e] temps, Izraël?

M. Izraël: Le magasin . . . oh, depuis . . . depuis 1945.

Mme Izraël: 1945.

[En]fin, c'était papa, p[u]is c'était moi, après les études, et p[u]is voilà.

Et alors le quartier avant

était surtout de . . . d'origine . . . euh . . . d'Afrique du Nord.

Parce que [il] y avait des tas d[e] familles dans des p[e]tits appartements euh . . .

très bien, très beaux

qui habitaient dans toutes les rues

et c'était un quartier d'Afrique du Nord

Puis après, avec l'indépendance

ça s'est tout . . . tout est r[e]parti.

(A son mari) Mais, pourquoi i[ls] sont partis?

Parce que c'était trop cher? Parce que c'était . . .

M. Izraël: Et b[i]en, i[ls] sont partis car . . . euh . . .

Mme Izraël: La rénovation.

M. Izraël: Tout d[e]vait être rénové, donc . . . euh . . .

Mme Izraël: Voilà.

M. Izraël: C'étaient d'abord des grandes familles.

C'était vétuste.

Donc euh . . . i[l]s ont été expropriés et . . . on a tout démoli.

P[u]is on a rénové . . . on a . . . les loca . . .

[En]fin, ceux qui habitent maintenant . . . avant c'étaient des immeubles particuliers . . .

Main[t]enant, tout ça appartient à la Ville de Paris

et c'est la Ville de Paris qui reloge selon ses . . . ses . . . conceptions, quoi.

Question: C'est-à-dire?

M. Izraël: C'est-à-dire que . . .

[il] y a des priorités . . . [il] y a . . .

Le quartier est beaucoup plus cher. Avant, vous payiez un loyer, n'est-ce-pas . . .

deux fois rien. Aujourd'hui, l[e] loyer est . . .

Mme Izraël: Multiplié . . .

M. Izraël: . . . adapté aux . . . prix de . . . du quartier.

C'est un quartier aussi cher que . . . que l[e] seizième . . . ou . . .

Mme Izraël: Et même plus!

M. Izraël: . . . que Neuilly, au mètre carré.

Mme Izraël: Mais je n[e] vis p[l]us là. Je vis . . . à . . . à . . . en dehors de
Paris, du fait que . . .

M. Izraël: C'est combien ça? . . .

Mme Izraël: . . . 16 . . . mais j[e] [n'] aim[e]rais pas travailler ailleurs, non,
parce que, ailleurs, je n[e] sais pas, mais j[e] suis tellement bien dans mon
cadre . . . tellement . . .

si vous voulez, les gens m[e] connaissent, me font confiance,

me racontent leurs his . . . J[e] connais les histoires de tout l[e] monde,

parce qu'i[ls] viennent et, en même temps, i[ls] s[e] confient

et je sais tout c[e] qui s[e] passe, leurs chagrins, leurs bonheurs . . . et alors
. . .

si vous voulez c'est un p[e]tit peu . . .

c[e] [n'] est pas une vente normale chez nous.

C[e] [n'] est pas l[e] bazar d[e] l'Hôtel de Ville.

Si vous voulez, j[e] [n'] sais pas comment vous . . .

Question: Et les nouveaux commerçants qui sont . . . [en]fin, commerçants . . .

Mme Izraël: . . . [ils] sont charmants . . .

Question: . . . qui s[e] sont installés rue du Pont Louis-Philippe, vous les
connaissez un p[e]tit peu?

Mme Izraël: Oui, oh oui, bien sûr. I[l]s sont charmants, mais malheureusement c[e] [n'] est pas . . .

. . . pas très rentable. C'est une rue assez morte

et alors ça va . . . Ça change beaucoup.

On [ne] vit pas d'amour et d'eau fraîche. On vit pour travailler et . . .

[il y a] un magasin d[e] laines qui vient d[e] s'ouvrir là . . . qui est . . . Elle
est très gentille

mais [il] y en a partout. [Il] y en a une aut[r]e là, [il] y a . . .

Puis on [ne] tricote p[l]us tellement. Les gens n'ont plus l[e] temps et . . .

mais les commerçants sont charmants! Mais c[e] [n'] est plus du tout c[e]
que c'était avant . . .

C'est autre chose.

Question: Positif? Négatif? [En]fin, comment vous voyez ça?

Mme Izraël: Ah ben, moi . . .

. . . c'était mieux avant! Ah oui . . . ah oui . . . les souvenirs d'avant . . .
non . . .

c'était mieux à . . . à tous points d[e] vue

au point d[e] vue chaleur humaine déjà, qu'[il] [n'] y a p[l]us. Et puis . . .

euh . . . non. Avant c'était mieux. Là, les gens vont, rent[r]ent chez eux, on [ne] les connaît p[l]us.

Alors qu'avant [il] y avait le dimanche, le samedi

[il] y avait . . . [il] y avait une vie, [il] y avait une continuité . . . hein . . . si vous voulez . . . non!

Segment 3 (qui apparaît sous Pot-Pourri)
Interview audio seulement

Question: C[e] qui m'intéressait de savoir c'est hier, quand vous avez parlé du quartier . . .

Mme Iʒraël: Oui . . .

Question: Euh . . . bon . . . des p[e]tits commerces effectivement qui étaient dans la rue du Pont Louis-Philippe et François-Miron et qui ont disparu etc . . .

. . . et . . . qui paraissaient donc faire la vie . . . du quartier. Mais une chose qui m'intéresse . . .

pour, pour vous c'était ça la vie, c[e] qui crée la vie d'un quartier ce sont en gr . . . en fait les commerçants.

Mme Iʒraël: Et les cli . . . et les gens du quartier!

Parce que . . . l'un va . . . l'un va avec l'aut[r]e. C'est qu'[il] y a une certaine vie . . .

et les . . . les gens si vous voulez étaient beaucoup plus décontractés . . . [il] y a . . . [il] y a . . .

. . . donc si vous voulez ça rentre en ligne de compte . . .

plus les commerçants qui étaient décontractés aussi, donc ça faisait un tout.

Maintenant nous on est coincé, on est t[ou]jours . . . on a juste le temps d[e] vous . . . puis on fait des paquets . . .

Tout le monde a une vie autre, c[e] qui fait que c'est tout-à-fait différent mais les commerçants bien sûr participaient beaucoup.

Question: Mais alors justement . . . une chose . . . est-ce que . . . j'ai l'impression, mais je voudrais vérifier avec vous . . .

Est-ce que ces commerçants justement n'habitaient pas aussi le quartier, en général?

Mme Iʒraël: Si, ils habitaient au premier, les boutiques avaient un premier, tous les commerçants habitaient un premier. Absolument.

Question: Ah, c'est ça, ça fait pas une différence aussi?

Mme Iʒraël: Ça fait une différence aussi.

Mais nous il nous faut trois quarts d'heure pour y arriver, quelquefois une heure, quelquefois des transports en commun, bien sûr.

[Il] y avait toujours des magasins avec le premier. C'était . . . partout, d'ailleurs . . . en face, tous les magasins, bien sûr.

Eh . . . ça y fait aussi.

Question: Et i[l]s étaient ouverts aux . . . j'imagine . . . à toute . . .

Mme Izraël: Il y avait . . . eh, eh . . . fermeture à sept heures, vous y alliez à huit heures c'était encore ouvert!

Eh, oui, oui . . . et puis c[e] [n'] est pas comme maint[e]nant, on vous ferme la porte au nez, l'heure c'est l'heure!

Alors qu'avant non . . . Et p[u]is l[e] commerçant était motivé donc c'était son affaire, i[l] voulait pas êt[r]e désagréable, ce qu'il n'était pas d'ailleurs . . .

et puis on . . . on avait une conscience professionnelle que . . . [il] [n'] y a p[l]us eh, bien sûr, mais c'est vrai c[e] que vous dites là.

On habitait tous au premier, moi j[e] [n'] y pense pas là, mais c'est vrai eh, avec . . .

Chaque magasin avait son premier étage, donc [il] [n'] y avait pas d[e] problèmes . . .

et même, en mangeant un bifteck, du temps de papa on . . .

Un livreur arrivait, il laissait son bifteck, maman hurlait parce qu'elle en avait assez et il r[e]ouvrait le magasin!

C'est comme ça que ça s[e] passait et le matin pareil.

Si, c'est vrai, ça y fait . . . ben tiens, [il] y avait . . . c'était ouvert beaucoup plus longtemps.

C[e] [n'] était pas la . . . la . . . la semaine de trente-neuf heures hein, c'est la semaine de soixante . . . euh . . .

Ça y fait. Tout y faisait, c'est vrai aussi, ça j[e] [ne] pensais pas à tout ça.

Puis on avait le plaisir de vivre, [il] y a trente ans. Partout, pas seulement . . .

J[e] parle de mon quartier, mais c[e] [n'] est pas pareil, la vie a évolué . . . et . . .

. . . et . . . c'est sûr, mais c'est vrai qu'en habitant au d[e]ssus, on était moins pressé, ça j[e] [n'] y pensais pas.

Question: Et . . . oui, puis on . . . on fait quand-même davantage partie . . . si on travaille . . . on vit et travaille à la fois dans le quartier, ça . . .

Mme Izraël: Ça fait partie d'un . . . Mais absolument! Tandis que là c'est une coupure

et on revient, on réessaye, donc c'est complètement diff . . . c'est vrai c[e] que vous dites!

Mme Ledoux
(propriétaire du
magasin de laines,
rue du Pont Louis-
Philippe)

Question: Et pourquoi, alors, ce quartier, finalement? Pour une raison particulière?

Mme Ledoux: Parce que c'est un quartier qu[e] j'aime bien, que j[e] connais d[e]puis . . . euh . . . bon . . . très, très longtemps.

Moi, j[e] suis née à Paris, d'une famille de Parisiens.

On a . . . euh . . . j[e] [ne] sais pas, trois, quat[r]e générations, c[e] qui est
beaucoup pour aujourd'hui.

Parce que généralement, bon . . . les gens viennent de province, et tout.

Et j'avais un père qui était passionné par Paris, par l'histoire

et tout ça et qui nous a énormément baladées, quand on était p[e]tites.

Et puis, donc, on connait très bien tous les vieux quartiers d[e] Paris.

Et quand, j'ai . . . bon . . . euh . . . les locaux, ici, appartiennent à un service public

donc i[l] faut faire des démarches, des d[e]mandes et tout ça.

Et quand, j'avais . . . j'avais mis dans mon dossier

que c'était un des quartiers dans lesquels je voulais aller.

Voilà. Et i[l] s[e] trouve que, bon, ça a été une chance formidable que je
suis . . .

Et puis la rue du Pont Louis-Philippe, c'est une rue qu[e] je connais bien,
d[e]puis aussi longtemps, [en]fin,

depuis qu'elle est d[e]venue . . . euh . . . depuis une dizaine d'années,

la boutique de papier s'est installée. J'allais acheter mon papier là.

A côté, [il] y avait une boutique de pâtes, qui a disparu, qui s'appelait
«Les Mille Pâtes.»

C'[é]tait une fille qui f[ai]sait des pâtes de toutes les couleurs

de toutes les formes, qu'on lui commandait. Enfin, c'était . . . très marrant.

Et puis, [il] y avait assez peu d[e] boutiques très, très spécialisées, [il] y a
dix ans, comme ça.

Donc, c'est des gens qui sont d[e]venus à la mode finalement assez . . .
assez rapidement.

Cliente: Je vous l[e] rends.

Mme Ledoux: Ah? Bon. D'accord. OK, merci.

Cliente: J'ai fait la photocopie.

Mme Ledoux: D'accord. Merci beaucoup.

Cliente: Merci!

Au r[e]voir.

Mme Ledoux: Au r[e]voir.

Et c'est un quartier qui est habité. Ça, c'est très important aussi.

C'est sûr que, j[e] [ne] sais pas, j[e] pense [que] c'est p[eu]t-être plus
facile de travailler . . . [en]fin . . .

au niveau financier, j'entends, dans un quartier . . .

euh . . . dans un cent[r]e commercial ou dans un quartier comme Nation,
dans un endroit comme ça . . .

mais où finalement vous avez surtout des gens qui . . . qui . . .

des gens que vous voyez aux heures de bur . . . aux heures de bureau, quoi.

Et, tandis qu[e] là, c'est un quartier qui est habité, puis habité d[e]puis
très longtemps.

C'est un des plus vieux quartiers d[e] Paris.

Donc, ça c'est très important aussi; donc c'est un quartier vivant.

J[e] veux dire, à partir de six heures du soir [il] y a plein, plein d[e] gens.

C[e] qui est l[e] contraire, par exemple, dans [le] quartier des Champs-Elysées et tout ça, où . . .

là, c'est fini, quoi!

[Il] [n'] y a pas d[e] vie. Et . . . Voilà.

Question: Et, alors, vous avez l'impression qu'[il] y a un peu une vie d[e] quartier, alors?

Mme Ledoux: Ah, oui, oui. Complètement. Oui, que je r[e]trouve . . . enfin, qu[e] j'ai r[e]trouvée . . .

J'ai habité, moi, dans l[e] cinquième pendant sept ans . . . dans l[e] cinquième arrondissement.

Et c'est vrai qu'[il] y a une vie d[e] quartier . . . euh . . .

D'abord, nous, on a . . . dans la rue, on est tous en contact les uns avec les aut[r]es.

J[e] veux dire, on s[e] tutoie tous, on est . . . on mange tous ensemble euh . . . enfin, souvent, quoi . . . J[e] veux dire, euh . . . euh . . . on s[e] voit beaucoup.

On se . . . on va s[e] voir les uns les aut[r]es, dans les boutiques, c[e] qui est . . . On s[e] rend des services.

C[e] qui est très, très rare entre commerçants.

Je sais, quand j'ai des collègues qui viennent d'aut[r]es quartiers par exemple, du quinzième . . . et qui viennent me voir, et qui voient euh . . . le luthier en train d[e] boire une bière chez moi,

elles sont terriblement surprises.

Une vieille femme (elle était assise sur une chaise, rue François-Miron) *Interview audio seulement	*Une vieille femme*: Et je viens sortir m'asseoir un p[e]tit peu parce que j[e] [n'] ai pas d'air dedans . . . *Question*: Oui, oui . . . Eh, c'est ça, c'est ça . . . Et vous venez . . . tous les jours, vous venez vous asseoir? *Une vieille femme*: Je sors m'asseoir parce que je suis très mal logée. *Question*: Ah bon, très mal logée? Ouais . . . Petitement logée ou . . . ? *Une vieille femme*: . . . logée dans une cave. *Question*: Dans une cave? *Une vieille femme*: Oui. *Question*: Mon Dieu! Comment ça se fait? Depuis longtemps, comme ça? *Une vieille femme*: Ça fait dix-huit ans. *Question*: Dix-huit ans! *Une vieille femme*: Oui, j'attends là . . . samedi on va me donner une maison . . . *Question*: Et on va vous reloger là, la Ville de Paris?

Une vieille femme: Peut-être, on va voir.

Question: Peut-être, mais vous n'êtes pas sûre . . .

Une vieille femme: Eh oui, comme je suis cardiaque et que je suis très malade . . .

Probable . . . mais on va m'enlever du quartier.

Question: Ah bon?

Une vieille femme: Ça fait soixante ans qu[e] j'habite dans le quartier.

Question: Soixante ans? Oh là là!

Ça va vous faire mal au cœur aussi de quitter l[e] quartier, hein?

Une vieille femme: Ah ouais. Eh oui.

Question: Ben oui, parce que vous y êtes sûrement très attachée . . .

Une vieille femme: Oui, j'habitais sur les quais, maintenant . . .

Question: Sur les quais, ouais . . .

Une vieille femme: Après j'ai quitté, j[e] suis venue là . . .

Enfin, j'ai eu . . . un mauvais passage . . .

Question: C'est la Ville qui vous a relogée?

Une vieille femme: Ben, maintenant, oui, on va me reloger.

Question: Bon . . .

Mais vous aimeriez . . . [en]fin à la fois vous aimeriez . . . ?

Une vieille femme: Ah j'aim . . . ah non, j[e] [n'] aime pas, non.

Non, j[e] [n'] aime pas, parce qu'on est loin du . . .

Question: C'est ça . . . c'est ça.

Et [il] [n'] y a pas moyen de rester dans le quartier . . . euh . . .

Une vieille femme: Non.

Question: Ça c'est malheureux hein . . .

Malheureux . . . Mais vous seriez peut-être mieux logée . . . euh . . .

Une vieille femme: Oh, mais vous savez, peu m'importe, j'aurais voulu avoir même une pièce s'il le faut . . .

Question: Oui.

Une vieille femme: . . . et être . . . dans mon coin.

Question: Et . . . et rester dans vot[re] coin hein . . . Bien sûr, bien sûr.

Qu'est-ce qui vous plaît le plus dans le quartier . . . ou . . .

Une vieille femme: Moi qu'est-ce qui me plaît? . . . le voisinage, que je suis habituée avec eux

. . . [je] [ne] sais pas, le reste . . .

Question: Bien sûr . . .

Une vieille femme: . . . rien ne m'intéresse.

Question: Bien sûr, bien sûr!

C'est ce qui est familier . . .

Une vieille femme: J[e] suis très connue ici.

Question: Ah oui? Oui, sûrement, sûrement . . .

Une vieille femme: Soixante ans dans le même coin . . .

Question: Ah ouais, mais ça . . . ce . . .

Une vieille femme: Maintenant on me retire, c'est une maladie pour moi.

Question: Ah ouais . . .

Une vieille femme: Non seulement que j[e] suis cardiaque que . . . ça m'a rendue plus malade . . .

Je [ne] dors plus, je [ne] vis plus . . .

Depuis que j'ai appris qu'on va me . . . m'envoyer si loin.

Et ça peut arriver d'un jour à l'autre?

Une vieille femme: Ah oui, j'attends. Le dernier délai c'est samedi.

Question: Le dernier délai c'est samedi?

Une vieille femme: Oui.

Question: Donc on va vous l[e] dire d'ici samedi?

Une vieille femme: Ah ça y est, on me l'a dit!

Que le dernier délai si j'accepte, ou sans c[e]la on [ne] me donnera absolument rien, on me laissera là.

Question: Donc il faut que vous partiez samedi? . . . samedi?

Pour aller où? Vous [ne] l[e] savez pas encore?

Une vieille femme: Dans le dix-neuvième, on m'a dit.

Question: Oh là là . . . C'est pas drôle, hein . . .

Une vieille femme: Alors je suis triste, j[e] suis malheureuse, je pleure, j[e] [n'] arrête pas d[e] pleurer.

Question: Ah oui . . . eh oui . . . ah . . . et [il] [n'] y a pas moyen, [il] [n'] y a pas moyen, ce . . . c'est . . .

Une vieille femme: Eh oui . . .

Et alors là . . . tout . . . tout le monde qui viennent et p[u]is i[l]s sont là, maintenant.

[ne] les connais pas trop parce que . . .

Question: Eh oui, c'est ça . . .

Une vieille femme: . . . ça change tous les jours!

Question: Vous avez vu beaucoup d[e] changements, sûrement?

Une vieille femme: Alors . . . il y a eu beaucoup d[e] changements.

I[l]s ont relogé des gens que je [ne] connais pas, des Noirs, des Arabes, de . . . de . . . des Portugais, des . . . des Italiens, de tout.

Alors je [ne] connais plus personne, maintenant [il] faut que j'aille un petit peu loin . . .

Une vieille femme: Tant pis . . .

Question: Alors finalement . . .

Une vieille femme: Je . . . je dois me résigner, je me . . . je dois . . . enfin . . . accepter.

Question: Ça fait mal au cœur mais . . .

Une vieille femme: Oh là! Oh là!

Question: Et vous avez d[e] la famille dans le quartier, ou . . . ?

Une vieille femme: Non, j'ai d[e] la se . . . des amis.

Question: Des amis.

Mais ça, ça compte, hein, c'est important.

Une vieille femme: C'est comme quand j'ai été malade j'ai eu mes . . . mes amis près de moi.

Question: Eh, oui . . .

Une vieille femme: Ma famille . . . i[l]s habitent à Paris, mais pas ici.

Question: Eh, oui.

Et votre . . . vos courses, vous les faites ici, dans le quartier?

Une vieille femme: Moi, je [ne] les fais pas moi, je n[e] peux pas, je suis handicapée.

Question: On les fait pour vous . . . eh . . .

Une vieille femme: On les fait pour moi.

Question: Oui.

Ah, écoutez, j[e] suis désolée de . . .

Une vieille femme: Eh ouais, ouais.

Dire qu'à quatre-vingt cinq ans, partir si loin que je [ne] connais personne, eh . . . Pour moi ça va être la mort là-bas.

L'adjointe au maire (de la mairie du IVème, Place Baudoyer) *Interview audio seulement

Question: Oui, eh . . . simplement je voudrais avoir une vue un petit peu . . . si vous voulez . . . officielle . . . du quartier, puisque c'est . . . le quartier qu'on explore . . .

et une chose dont je me rends compte c'est qu'en général les gens ont des . . . des notions très différentes du quartier

de c[e] que sont les limites du quartier . . . alors je . . . je sais que . . .

le quatrième . . . bon, comprend en fait quatre quartiers . . .

Mais ce sont des . . . des limites administratives, par exemple le quartier St. Gervais . . . ?

L'adjointe au maire: Non, ce ne sont pas des limites administratives, ce sont des limites qui se sont faites d'elles-mêmes . . .

Il y a les gens de l'île, d'abord, [il] y a les îlotiers . . .

Les gens de l'Ile St.-Louis, ça c'est une catégorie tout-à-fait particulière.

Ils sont très fiers de leur île et ils ont raison, c'est superbe . . .

et ils sont, ben, ils sont comme, comme les gens qui sont sur . . . sur une île, à l'île de Ré, en Corse ou je n[e] sais pas quoi . . .

Ils ont . . . ils pensent avoir leur propre autonomie, leur propre . . .

On [ne] peut pas faire chez eux la même chose que l'on fait ailleurs, c'est très très . . . très très curieux . . .

Et puis [il] y a ensuite les gens de la rue St. Antoine . . .

La rue St. Antoine, qui est le prolongement de la rue de Rivoli, qui sont uniquement . . . enfin, surtout des commerçants.

Alors là il y tout le . . . tous les commerçants, avec des groupements d[e] commerçants, bon . . .

Ensuite il y a une autre notion qui est celle du Marais. Alors là c'est plutôt le quartier historique.

Alors là ça fait . . .

Question: . . . qui recoupe plusieurs arrondissements . . .

L'adjointe au maire: . . . qui . . .

(qui) recoupe plusieurs arrondissements. Du reste, oui, le . . . le Marais . . . euh . . .

[Il] y a l[e] premier aussi, le second euh . . . mais . . . euh, il y a une partie dans l[e] quatrième . . .

Et alors les gens du Marais . . . euh . . . se croient aussi . . . euh . . . un p[e]tit peu supérieurs aux autres, enfin . . .

Enfin, cha . . . chacun se croit supérieur aux autres pour une raison x, c'est ça la notion de quartier, je crois.

Et puis au milieu de tout ça il y a la Place des Vosges, qui est tellement unique en son genre que évidemment . . .

On imagine aussi qu'elle a un statut spécial, en fait elle n'en a pas, mais . . . [Il] y a aussi les gens d[e] la Place des Vosges . . .

. . . euh . . . [il] y a . . . les gens d[e] la Place des Vosges, les gens d[e] la rue St. Antoine, les gens du Marais . . . et les gens de l'Ile St.-Louis.

Tout ça étant le quatrième . . . nous faisons très quatrième mais étant . . .

Question: Mais ça fait des . . . c'est une . . . c'est une population très mélangée, alors . . .

L'adjointe au maire: Ça fait une population mélangée . . .

. . . et qui est une population assez âgée dans cet . . . cet arrondissement-là . . .

Mais alors on a fait, comme nous faisons tous les ans, enfin, la . . .

la mairie de Paris organise tous les ans dans Paris une . . . une fête, q[ui] s'appelle «Paris village»

c'[e]st-à-dire que le samedi et le dimanche il y a des bals, il y des majorettes, il y a des groupes . . .

. . . des groupes folkloriques, il y a enfin un tas de flonflons comme ça, bon parfait . . .

et à nous, gens de la mairie, d'organiser les . . . les . . . les passages.

Et alors cette année les majorettes je les ai fait passer par la Place des Vosges, je les ai fait passer par la rue St. Antoine évidemment,

la rue St. Antoine, la Place des Vosges et l'Ile St.-Louis, c[e] qui n'arrive jamais.

J'ai été porter moi-même mes affiches . . . de façon à être sûre qu'elles soient distribuées

mais les gens de l'Ile St.-Louis m'ont presque sauté au cou parce qu'on
. . . on passait chez eux.

Bon. Si je fais . . . Voilà.

Oui. Mais si je fais par exemple une semaine commerciale, ce que j'ai
envie d[e] faire . . .

. . . euh . . . les gens de l'Ile St.-Louis ne pourront . . . ne . . . ne . . . ne
vont pas participer j[e] pense à cette semaine commerciale parce que . . .

. . . eh ben, ça va être d'abord comme tout l[e] monde, et puis . . . c'est
surtout les . . . les riverains, bon, qui vont se plaindre hein . . .

parc[e] qu'il y a une lutte entre les riverains qui sont sur une île parce que
le site est beau etc . . . et p[u]is pour avoir la paix

pour av . . . pour voir couler la Seine

et puis [il] y a les commerçants qui sont là pour gagner leur vie

et qui ne gagnent leur vie pratiquement qu'avec les îlotiers, ce qui est un
peu court, non . . .

Alors tout ça eh . . . c'étaient des petites rivalités . . . Ben, c'est comme
une p[e]tite ville, finalement.

C'est exactement la même chose.

C'est un p[e]tit village, c'est un p[e]tit village . . . ça . . . et c'est pour ça
qu'on dit la fête «Paris village»

parce que chaque arrondissement est . . . est comme ça, scindé dans son
. . . en plusieurs . . . en plusieurs . . .

Et nous avons une très belle mairie ici, qui a été faite du temps d'Hauss-
mann . . .

et inaugurée par Napoléon III. Nous sommes fiers . . .

Question: Euh . . . alors oui . . . vous pouvez nous parler un petit peu . . .
c[e] qu'est le rô . . . le rôle de la mairie finalement dans le . . .

. . . dans la vie du quartier . . .

L'adjointe au maire: Ah ben, le rôle de la mairie c'est très im . . . très important euh . . .

D'abord tout c[e] que, tout c[e] qu'on peut faire vient de la mairie, des
. . . des . . . des . . .

Des commerçants pour mettre une table dehors et vendre des . . . ont besoin de la mairie

on a besoin de la mairie pratiquement pour tout.

Bon, euh . . . en plus nous avions un député maire, un maire qui était
député en plus, donc on en avait encore plus besoin.

Et c'est un va-et-vient de gens absolument incessant.

Incessant.

Question: Et . . . est-ce que vous avez aussi, par exemple . . . est-ce qu'il
y a des associations de quartier?

L'adjointe au maire: Il y a des associations de quartier . . . Non, nous av
. . . il y a une association qui s'appelle l'A.DE.QUA.TE,

et cette association est une association pour le . . . développement du quartier.

Bon. Et cet . . .

Question: Qu'est-ce que ça veut dire exactement?

L'adjointe au maire: Ça veut dire Association DÉveloppement QUArtier
. . .

. . . et . . . quartier . . . quartier . . . et puis «quate» je n[e] sais pas.

Question: Non, mais . . .

j[e] veux dire, développement dans quel sens? Dans le . . .

L'adjointe au maire: Ben, dans . . . dans le dévelop . . .

Dans . . . dans tous les sens. Euh . . . développement culturel d'abord si possible, bien entendu,

mais aussi développement pour une quinzaine commerciale, pour . . .
pour . . . tout c[e] qui peut faire de l'animation dans le quartier.

Et alors, c'est à l'intérieur de cette association «Adéquate» qu'il y a une association de commerçants, alors là on recommence!

[Il] y a les commerçants de l'Ile St.-Louis, puis il y les commerçants de la rue St. Antoine

et puis il y a les commerçants qui sont euh . . . de . . . de . . . de la . . . de la Place des Vosges et puis parce que . . .

Voilà, on . . . on recommence encore les mêmes délimitations.

Question: C'est sûr.

L'adjointe au maire: Mais il faut dire que la Place des Vosges, par exemple, il y a des . . . les commerces sont bien spécifiques. Ce sont surtout de l'antiquité.

Il y a un ou deux très beaux et bons restaurants . . .

Il y a la maison de Victor Hugo, bien sûr. Bon, mais enfin ça c'est tout un peu spécial . . .

Et il y a surtout des . . . des boutiques d'antiquités.

Et là il y a aussi un quatrième que j'avais oublié, [il] y a le . . . le village St.-Paul.

Le village St.-Paul est un ancien village . . .

enfin, un village un p[e]tit peu moyenâgeux que l'on a repris, que l'on a refait, dans lequel se sont logés les antiquaires.

Un peu comme un «flea market» . . .

Question: Dans la rue St.-Paul, alors . . .

L'adjointe au maire: Qui est dans la rue St.-Paul.

Mais c'est un p[e]tit village, à l'intérieur, qui donne sur cette rue St.-Paul et qui est à l'intérieur.

Avec des tas de p[e]tites cours intérieures dans lesquelles sont des tas de . . .

de brocanteurs ou même de très belles boutiques, ça dépend, [il] y a un p[e]tit peu d[e] tout.

Et alors ça, ça fait un autre état dans l'état, encore . . .

Question: C'est vrai.

On a l'impression de . . . de quartiers à l'intérieur du quartier.

L'adjointe au maire: Exactement. Exactement.

Ça, ça fait un p[e]tit quartier d'antiquaires à l'intérieur du quartier.

Question: D'accord. Et du côté alors aussi . . . bon euh . . . l'autre jour . . . la rue des Rosiers là aussi, alors c'est . . .

L'adjointe au maire: Alors, la rue des Rosiers ça c'est, c'est tout à fait autre chose, c'est un autre univers encore, c'est ça qui est drôle . . .

c'est l'univers . . . c'est l'univers juif.

Question: C'est ça.

L'adjointe au maire: Alors là, toutes les maisons vendent de la viande . . . [en]fin des . . . des . . . des produits kasher . . .

Vous avez des . . . des . . . voyages pour Israël à . . . j'allais dire à trois francs cinquante . . . [il] [ne] faut pas exagérer, mais enfin très bon marché

Vous êtes . . . vous êtes d'un seul coup dans un autre univers, dans un monde différent

les boulangeries ne vendent pas la même chose qu'à deux pas, rue de Rivoli

les boucheries non plus, les . . . les . . . les charcuteries . . . les . . . les épiceries . . . Rien n'est plus pareil.

Et vous rencontrez tout le temps . . . euh . . . de ces . . . de ces grands juifs même très jeunes avec les cheveux frisés

la grande écharpe blanche et le grand chapeau noir sur la tête.

C'est tout à fait étonnant, c'est un dépaysement absolument total

En exactement deux minutes de la rue de Rivoli vous avez la . . . la . . . le B.H.V.!

enfin, le Bazar d[e] l'Hôtel de Ville qui est cette espèce de grande succursale . . .

C'est tout à fait étonnant.

Ah, moi j'adore.

Question: Et c'est justement c[e] qui fait un peu la . . .

L'adjointe au maire: C'est ça.

Question: . . . si on veut l[e] décrire un peu . . . ce mélange?

L'adjointe au maire: C'est une mosaïque.

C'est cette espèce de mélange qui est fou. C'est drôle.

Et alors ce quartier St. Gervais c'est encore aut[re] chose parce que cette église St. Gervais ce n'est pas une église comme les autres non plus.

Il y a quatre ou cinq églises dans le quatrième . . .

et l'Eglise St. Gervais c'est une église qui est tenue par . . .

Attendez! Ça s'appelle . . . la religion je crois des enfants de Jérusalem ou des enfants de Bethléem ou . . . enfin, un nom comme ça

si bien que c'est une . . . c'est une . . . bon, c'est de la religion catholique, mais assez spéciale.

[En]fin, ce n'est pas la religion catholique banalisée, là ce sont des . . . il y a des religieuses . . . euh . . . en blanc

donc qui doivent être, je suppose, plus ou moins cloîtrées

et qui prient pendant des heures devant l'hôtel allongées par terre, enfin comme autrefois les religieuses cloîtrées

et puis [il] y a une autre sorte de religieuses qui sont . . . une espèce de robe en jean, enfin une robe en jean très fin . . .

Question: De la bure?

L'adjointe au maire: . . . avec . . . non, c[e] [n'] est pas d[e] la bure, cette espèce de jean très fin

avec les cheveux cachés par un foulard bleu marine et . . . des sandales

et . . . alors elles arpentent cette église et il y avait la . . . la . . .

. . . la prêtresse l'autre jour, la . . . enfin je n[e] sais pas comment peut-on appeler ça, ça s'appelle une . . . la mère abbé . . .

qui en plus de ça avait une espèce de grande draperie rouge sur le côté . . .

Et tout ça fait donc aussi . . . euh . . . un p[e]tit état dans l'état catholique.

Moi je donne des concerts dans plusieurs églises, surtout celle de Saint . . . St.-Louis en l'île, qui est absolument superbe.

[Il] y a aussi l'Eglise de St. Merri qui est magnifique, bon [il] y a l'Eglise des Blancs Manteaux . . .

là on ne donne pas d[e] concerts. Parce que il y a ces espèces . . . cette espèce de . . . de . . .

. . . je n[e] sais pas, fondation catholique bizarre, je crois c'est les filles de Jérusalem.

Question: C'est récent?

L'adjointe au maire: Non, c[e] [n'] est pas récent.

Question: C[e] [n'] est pas récent . . .

L'adjointe au maire: C[e] [n'] est pas récent.

C[e] [n'] est pas récent du tout.

Question: Et . . . est-ce qu'elle représente quelque chose, cette église St. Gervais dans le quartier, vous pensez?

L'adjointe au maire: Euh . . .

Non, je n[e] crois pas, elle est tout à fait spéciale.

Tout à fait spéciale, je crois qu'elle . . . elle a . . . elle doit avoir sûrement quelques . . . quelques . . . enfin clients, enfin des . . . des . . . c'est pas le mot . . .

mais . . . elle est tout à fait spéciale et elle reste tout à fait autonome.

Alors que les autres, surtout l'é . . . l'Eglise St. Merri qui est tellement près de Beaubourg . . .

C'est ouvert à tout, à tous . . . euh . . . vraiment, à Beaubourg c'est presque plus qu'une église, c'est presque un temple.

Maintenant . . . au sens, au sens d'autrefois.

Question: Oui. Oui, oui . . .

Est-ce que vous auriez . . . des chiffres, enfin, des brochures avec des chiffres sur la population du quatrième?

L'adjointe au maire: Oui, je dois pouvoir vous trouver ça dans les . . . dans les bureaux, sûrement.

Question: Ça serait intéressant.

L'adjointe au maire: Sûrement, sûrement.

Question: Si je comprends, aussi, c'est un . . . c'est un arrondissement qui a perdu beaucoup de sa population.

L'adjointe au maire: Beaucoup. Beaucoup.

Question: A cause de quoi finalement?

L'adjointe au maire: A cau . . . du fait aussi que . . . il y a eu beaucoup . . . beaucoup de . . . d'appartements à rénover.

Les a . . . c'est une, c'est un des quartiers dans lesquels il y a les plus vieilles maisons d[e] Paris

donc ces maisons étant vieilles bien sûr étaient dans un état assez pénible . . .

et on est en train de rénover énormément.

Donc . . . euh . . . Paris est . . . enfin la . . . la France est un pays où on a un problème de logement tout à fait aigu

et le quatrième est un des . . . des arrondissements avec le seizième où les appartements sont les plus chers.

Parce que on trouve encore des appartements avec des poutres, avec des . . .

[Il] y a des appartements là, pas très loin, sur le quai d[e] l'Hôtel de Ville où il y a encore un vieux . . . un vieux pressoir à huile.

Alors la maison a été rénovée, elle est superbe mais toutes les . . . toutes ces . . . [il] y a des . . . des poutres un petit peu partout.

et il y a un pressoir à huile dans . . . dans une entrée ultra-moderne avec des grandes vitres, c'est très amusant.

Question: Mais . . . euh . . . donc ces rénovations sont prises en main par la . . .

L'adjointe au maire: Ces rénovations sont prises en main par la Ville de Paris, oui . . . et puis par les Monuments historiques.

Question: Mais . . . euh . . . vous disiez que c'est très cher. Cela dit, enfin, des gens l'autre jour dans la rue du Pont Louis-Philippe . . .

quelqu'un me disait, bon, qu'un grand nombre de ces . . .

d[e] ces maisons, d[e] ces immeubles avait été rach[e]tés par la Ville de Paris.

L'adjointe au maire: Oui.

Question: Est-ce que ce n'est pas justement dans l'intention . . . parce que ce sont en fait des HLM . . .

L'adjointe au maire: Oui, on . . . on les loue.

On les loue. A ce moment-là, la Ville de Paris les loue.

Oui, mais . . . euh . . . ça . . . ça va permettre maintenant, parce que ça a été assez récent ce . . . ce réachat d[e] la Ville de Paris.

[Il] y a eu . . . mais . . . ça a été . . . ça a été depuis que Chirac est maire de Paris pratiquement.

Question: Ça c'est très récent.

L'adjointe au maire: Où la Ville de Paris a racheté, oui.

Question: Alors de façon justement à permettre à une population ayant des moyens . . .

L'adjointe au maire: De façon à permettre . . . Voilà . . .

Question: . . . peut-être moins importants . . .

L'adjointe au maire: Exactement.

Question: . . . de rester dans c[e] quartier.

L'adjointe au maire: De . . . de rester dans c[e] quartier.

Alors . . .

Question: Ça c'est important, quand même.

L'adjointe au maire: C'est très important.

Et . . . mais . . . il y a aussi des . . . des ta . . . des quantités de vieilles maisons qu'on n'a pas encore eu le temps de restaurer et où sont de . . . des vieilles gens . . .

Moi j'ai eu . . . j'ai beaucoup de gens qui viennent me dire: «Madame, j'habite l'Ile St.-Louis.»

Alors je dis «Quelle chance vous avez!»

«Mais oui, seulement je suis au quatrième étage sans ascenseur.

Maintenant j'ai soixante-quinze ans, je [ne] peux plus monter» ou «je monte avec du mal» ou . . . bon.

Evidemment tout ça c'est . . . on [ne] peut pas tout faire à la fois.

C'est très difficile.

Question: Est-ce que la mairie par exemple essaye de . . . de . . . à ce moment . . . euh . . .

quand une maison, un immeuble est rénové, est-ce qu'on essaye de re . . . reloger les gens dans le quartier?

L'adjointe au maire: Bien entendu, bien entendu.

Mais . . . il faut les re . . . il faut les reloger avant, on [ne] peut pas les mettre dehors avant . . .

Alors . . . le maire a une permanence ici tous les . . . tous les jeudis maintenant et [il] y a une foule de gens . . .

On a tous les jours des quantités de coups de téléphone . . .

ou . . . soit pour reloger, soit pour loger carrément

mais on a beaucoup beaucoup de mal parce qu'il y a vraiment très peu de choses.

parce que . . . ben, oui . . . il faut de toute façon. On ne peut rénover que lorsqu'on a relogé les gens, alors . . .

c'est un peu un cercle . . . un cercle vicieux, vous savez, c'est fou.

Question: Vous n'arrivez pas forcément, évidemment, à reloger dans l[e] quartier?

L'adjointe au maire: Ben pas forcément et puis alors les . . . les . . .

les vieilles personnes elles veulent rester dans leur quartier

ce qui est encore plus difficile

je comprends.

Question: Et vous essayez . . .

. . . dans la mesure du possible . . .

L'adjointe au maire: Alors on essaye dans la mesure du . . . du possible de les laisser dans l[e] quartier . . .

parce que . . . euh . . . quand . . . quand on a soixante-dix ou quatre-vingt ans et qu'on vous déracine c'est . . . c'est la mort.

C'est la mort.

Mme Volpe (habitante, au coin de la rue des Rosiers et des Hospitalières St. Gervais)

Mme Volpe: J'étais ici à l'école . . .

et ma mère, qui s[e]rait aujourd'hui cent[e]naire

puisqu'elle est morte à 94 ans et déjà elle avait presque 100 ans.

Ma mère, étant adulte, a été aussi à l'école

parce que . . . elle est v[e]nue de Russie, elle avait 14 ans, alors elle a continué à v[e]nir ici à l'école.

Et nous sommes quatre, cinq générations ici.

Et pendant l'Occupation, le directeur qui était là avec sa fille, et moi, nous avons sorti la moitié

vous voyez, des élèves qu'[il] y a . . . nous avons sorti et sauvé, et ça on n'a pas pu plus.

Oh, c'était sans parade, [il] y a une camionnette qui arrivait, on sortait les enfants, on les mettait d[e]dans.

Les gens, sauf [ceux] qui étaient [dans la] Résistance, i[ls] restaient là à regarder

et c'est comme ça qu'on [les] a emm[e]nés.

Tenez-moi . . .

[il] faut le montrer pour pas que ça s[e] reproduise une deuxième fois.

C'est la sauv[e]garde . . . de vous.

Quand i[ls] restaient des heures, [à] moins 40°, moins 35°, moins 40°, tout nus pendant des heures comme ça!

Comment i[l]s ont pu résister encore?

Cela vous intéresse?

La touriste: Énormément, Madame, oui . . . on s'excuse de vous . . .

j'espère que je n[e] vous dérange pas?

non pas du tout, pas du tout, non, non . . .

Je m'intéresse . . . je s . . . je suis de Paris originellement, mais je . . .

j'habite dans la Californie du Sud maint[e]nant . . .

Mme Volpe: Oh . . . soyez les bienvenus!

La touriste: Je n'avais jamais . . .

Merci, Madame. Mais . . .

Mme Volpe: Soyez les bienvenus!

La touriste: Je suis tout à fait fascinée par tout c[e] . . .

toute l'histoire que vous savez si bien.

Mme Volpe: C'est normal!

La touriste: . . . de tout ce quartier

Mme Volpe: Je fais partie des murs.

J[e] me suis payé . . . hélas! . . . même pendant l'Occupation, parce que [il] y avait beaucoup d[e] choses à faire

et si . . . je n'aurais pas vécu, je n'aurais jamais pu croire c[e] qui s'est passé. Jamais!

C'est impensable, impensable qu'un cerveau humain ait inventé une chose pareille! C'est impossible!

Alors, je n[e] peux pas, parce que je suis avec ces gens. Vous restez en-core . . .

ici?

La touriste: Oui, oui.

Mme Volpe: Non, mais vous restez encore quelques jours?

La touriste: Oui, jusqu'au 6 août.

Mme Volpe: Alors, écoutez, demain . . . demain, je ne peux pas. Jusqu'au 6

août?

Oui, demain je n[e] peux pas, mais la s[e]maine prochaine

On peut vous joind[r]e à l'hôtel? Je vous donne rendez-vous.

Je veux vous donner quelques documents . . .

si ça vous fait plaisir.

La touriste: Avec grand plaisir, si ça n[e] vous fait rien.

Mme Volpe: Bon alors, vous m[e] donnez le numéro de votre hôtel . . .

et je vous téléphon[e]rai quand . . . j[e] vous donn[e]rai rendez-vous ici.

La touriste: D'accord!

Je vais vous l'inscrire.

Mme Volpe: Alors, voilà, j'ai trouvé des clients!

Valérie et Eric
(propriétaires du café
Rencontres, rue des
Ecouffes)

Valérie: Alors le quartier, c'est un village. C'est un village! Ça fait quinze ans qu[e] j'habite ici: [il] y a toujours les mêmes gens euh . . .

Tout l[e] monde se connaît. Quand [il] y a un nouveau c'est: «qui c'est ce nouveau? D'où i[l] vient?» . . . euh . . . on va l'interroger . . . euh . . .

C'est . . . c'est trop, quoi! C'est . . . c'est un ghetto. On appelle ça un ghetto.

Question: Et c'est . . . c'est un ghe . . . dans le bon sens alors, ou . . . ?

ça c . . . c'est bien, ça vous intéresse de connaître tout le monde?

Ça fait partie de votre . . . ?

Valérie: C'est-à-dire . . . ah, c'est . . . c'est un peu énervant. Tout l[e] monde se connaît . . .

Aïe! le téléphone!

Le téléphone sonne. Valérie va le prendre. . . . Allô!

Question à Eric: Et vous êtes né à Paris?

Eric: Non, je suis né en Afrique du Nord, en Algérie, et euh . . .

. . . p[u]is voilà, j[e] suis arrivé ici, quoi!

Question: Vous êtes arrivé à Paris à quelle époque?

Eric: Ben, pendant les . . . les événements, c'est-à-dire en 61–62, quoi!

On est arrivés avec toute la famille et . . .

avec tous les problèmes qui s[e] sont . . . posés par la suite . . . à savoir réinsertion . . .

Question: Et vous vous êtes installés dans quel quartier alors, au départ? pas, pas . . . pas dans celui-ci?

Eric: Non, non, nous on est installés dans . . . dans le Sud de Paris

mais euh . . . bon . . . euh . . . tous . . . tous les Juifs plus ou moins de . . . de Paris

et de la région parisienne ont pris l'habitude de v[e]nir faire leurs quartiers dans . . .

leurs courses, pardon, dans . . . soit dans ce quartier, soit à Montmartre soit à Belleville.

Parce qu'il est vrai . . .

bon, les . . . les commerçants spécialisés dans les nourritures kasher . . . euh . . .

sont quand même très centralisés et . . .

i[l] faut s[e] déplacer pour aller faire ses courses.

Donc, en général le dimanche . . . vous venez ici le dimanche, c'est . . .

c'est plein d[e] monde parce que le dimanche c'est le jour de congé

tout l[e] monde vient faire ses courses.

Le samedi tout est fermé, donc le dimanche tout l[e] monde va faire ses courses.

Le quartier est très, très animé, toute la matinée, toute l'après-midi et très tard le soir.

D'ailleurs tout l[e] monde ouvre très tard le . . . le soir. Toutes les épiceries ferment . . .

ne ferment pas avant 9h, 9h et demie.

[Il] y en a même qui ferment encore plus tard.

Question à Valérie: Alors vous n[e] savez pas si vous voulez rester dans . . . Vous aimeriez rester dans c[e] quartier ou bien au contraire?

Valérie: Il est bien c[e] quartier hein . . .

il est bien, mais euh . . .

Question: Vous vous voyez vivant ici toute votre vie?

Valérie: Ah, non, non. Non, pas du tout!

Question: Alors pourquoi?

Valérie: Non, il est bien, mais on s'en lasse.

[Il] y a toujours les mêmes choses . . . toujours les mêmes discussions . . . alors c'est . . . c'est lassant . . . on a besoin d[e] choses nouvelles

et puis aussi la mer, parce qu'ici, [il] [n'] y a pas la mer, hein . . . la chaleur, [il]

y a . . .

c'est c[e] qui manque, quoi!

Eric: Non, non, mais c'est ca, c'est . . . c'est . . . c'est la même ambiance.

En fait i[l]s se sont recréé la même ambiance qu'en Afrique du Nord . . . où . . .

ils . . . ils . . . i[l]s s'appellent d'une fenêtre à l'autre ou . . .

c'est le rassemblement et p[u]is i[l]s vont tous sortir ensemble et faire la fête ensemble le soir

surtout pendant les vacances.

Et p[u]is en été comme i[l] fait plus chaud, i[l]s . . . personne ne rentre chez soi, ils restent tous dehors

et i[l]s discutent et i[l]s parlent et . . . euh . . .

i[l]s vont faire un tour ensemble ou boire un verre ensemble

ou aller en boîte de nuit ensemble, mais enfin, ils vont tout l[e] temps rester ensemble, quoi!

C'est peut-êt[r]e ce côté-là qu'elle trouve un p[e]tit peu . . . euh . . . rébarbatif à la longue

parce que c'est vrai que . . . par la force des choses . . .

enfin, c'est le problème de tous les villages d'ailleurs, hein . . . euh . . .

Quand on va dans un p[e]tit village dans une province, [il] [n'] y a pas grand-chose à faire

on fait toujours les mêmes choses et, par la force des choses, ça devient un peu lassant.

On a envie d[e] voir autre chose.

Comme elle, elle est née pratiquement dans l[e] quartier, c'est un peu son cas, quoi!

M. Bouscarel
(propriétaire de La
Tartine, rue de Rivoli)

Question: Et le nom «La Tartine» c'est . . .

M. Bouscarel: «La Tartine,» c'est très ancien . . .

Question: . . . c'est vous qui l'avez nommé?

M. Bouscarel: . . . Non pas moi! C[e] sont des gens qui se perdent dans . . . je [ne] dirais pas l'éternité des temps . . .

mais qui remontent à une époque déjà ancienne, très certainement antérieure à la guerre de [19]14.

Très certainement! . . . parce que «La Tartine» . . .

C'est-à-dire que . . . il y avait . . . plusieurs Tartines à Paris.

[Il] y en avait une, rue de Bercy, qui a disparu.

[Il] y en avait une autre qui était . . . euh . . . qui existe encore à La Villette.

[Il] y en a une autre à la Gare du Nord.

C'était une dénomination qui, pendant un temps, avait eu un certain attrait mais ici je crois que . . . on l'avait appelé ainsi parce que . . .

c'était une époque où il y avait dans ce quartier beaucoup de réfugiés

qui vivaient chichement, qui n'étaient pas en mesure de s'offrir un repas

dans un restaurant

et qui vivaient de tartines.

Alors «La Tartine» c'était pour eux le . . . le lieu où . . . c'était le . . . le fast-food de l'époque, quoi!

M. Zimmerman
(propriétaire de Pitchi
Poï, Place du Marché
Ste.-Catherine)

Segment 1 (qui apparaît sous la rubrique Tête-à-Tête)

M. Zimmerman: Donc, j'ai . . . j'ai voulu m'installer dans c[e] quartier parce que . . .

nous n[e] sommes pas loin d[e] la rue des Rosiers.

Je voulais un endroit qui soit spacieux, et . . . euh . . . qui soit assez grand et rue des Rosiers, malheureusement, je . . . à l'époque je . . . j[e] [n'] ai pas trouvé de restaurant qui soit . . .

euh . . . suffisamment grand pour . . . euh . . . pour c[e] que j[e] voulais faire

et puis euh . . . la Place du Marché Ste.-Catherine, c'est une place euh . . . très particulière dans Paris,

c'est-à-dire qu'on peut passer cent fois à côté, on n[e] la voit jamais.

Et par exemple, je . . . j'ai fait une partie d[e] mes études au lycée Charlemagne qui se trouve à . . . cent mètres d'ici

et . . . euh . . . je n[e] connaissais pas la Place du Marché Ste.-Catherine.

Quand j[e] suis arrivé sur cette place, j'ai dit «Cette place, c'est Pitchi Poï.»

c'est-à-dire c'est ce petit endroit, ce petit pays . . .

parce que j[e] voulais faire un restaurant qui soit un endroit . . .

et qui [ne] soit pas attaché à un nom: j[e] voulais qu[e] ça soit un endroit, un lieu.

La rue des Rosiers, euh . . . nous en avons parlé dans . . . [il] y a quelques
. . . [il] [n'] y a pas très longtemps,

pour moi, c'est . . . en tant que Juif, c'est le quartier, disons . . . le . . .
c'est le plus vieux qu . . . c'est . . . c'est . . . déjà c'est un des plus vieux
quartiers juifs de . . . d'Europe.

C'est un quartier qui est un quartier juif depuis huit cents ans, depuis
mille ans peut-être et qui a toujours été un quartier juif.

Et c'est . . . euh . . . si Ménilmontant, c'est l'endroit où les Juifs habitaient
. . . euh . . .

la rue des Rosiers, c'était l'endroit de . . . de référence, c'était la référence.

Euh . . . vous avez deux rues qui . . . qui . . . qui sont importantes qui ar-
rivent à la rue des Rosiers:

il y a maintenant la rue Ferdinand Duval et la rue des Ecouffes.

La rue Ferdinand Duval avant s'appelait la rue des Juifs.

C'était le nom d[e] la rue des . . . ça [ne] s'appelait pas rue Ferdinand
Duval, ça s'appelait rue des Juifs.

La rue des Ecouffes . . . euh . . . le nom d[e] la rue des Ecouffes . . . vient
. . . euh . . . de l'ancien temps,

à l'époque où les . . . les prêteurs juifs habitaient dans cette rue-là.

Et l'enseigne des prêteurs juifs, c'était l'écouffe.

L'écouffe, en vieux français, c'était le vautour, le milan.

Oui . . . bon . . . Et . . . donc, la rue des Ecouffes c'était la rue des prêteurs
juifs.

Donc v[ous] voyez, c'est très, très ancien.

Question: Donc pour vous, c'est un p[e]tit peu le retour aux sources,
presque . . .

ce . . . ce . . . cette façon de se . . . de s'installer dans c[e] quartier . . . ce
désir d[e] s'installer dans c[e] quartier . . .

M. Zimmerman: Ah ben oui.

Eh oui, c'est . . . [En]fin . . . le désir de s'installer dans c[e] quartier
euh . . . le fait de faire ce restaurant, pour moi c'est . . . enfin . . . un retour aux sources . . . c'est . . .

c[e] [n'] est pas un retour aux sources: c'est . . . c'est le fait de n[e] pas
vouloir perdre mes sources. Voilà!

Euh . . . il y a, disons . . . il y a cinq, six ans, il y a . . .

Finkelkraut a dit . . . [il] y a un philosophe qui s'appelle Finkelkraut qui
. . . qui a écrit un livre

qui s'appelle le . . . «Le Juif Imaginaire.»

un . . . un livre qui apparemment est un livre très . . . très dur, mais qui
n[e] l'est pas tant qu[e] ça et . . .

. . . euh . . . il dit dans son livre: c'est quand on s'aperçoit qu'on va tout
perdre que . . .

c'est à c[e] moment-là qu'on s'aperçoit que . . . que les choses qu'on va perdre, on y tenait tant!

Et nous, dans notre identité, nous . . . nous sommes beaucoup de cette génération . . .

euh . . . nous sommes des Français très, très français

mais . . . à un certain . . . euh . . . à un certain niveau . . . euh . . . si nous n'avions pas notre passé de Juifs

il nous manqu[e]rait quelque chose! [Il] y a quelque chose qui nous manqu[e]rait . . .

Segment 2 (qui apparaît sous la rubrique Pot-Pourri)
M. Zimmerman: C'est pas trop long, non, pour toi?

Voilà! Alors tu vois, ici, là dans cette maison, [il] y a un monsieur qui s'appellait Biotowski

qui habitait . . . tu vois . . .

et, tu vois, en '43 il s'est passé . . . i[l] s'est passé beaucoup d[e] choses dans l[e] quartier.

Et puis . . . euh . . . ben c'est . . . cette plaque . . . elle, elle a encore une histoire.

Parce que . . . euh . . . tu vois, là, [il] y a quelqu'un, une fois, qui a voulu l'enlever, la plaque.

[Il] y a quelqu'un qui a voulu la . . . l'enl[e]ver, la plaque. Tu vois, on a essayé d'enl[e]ver les vis

et moi j'étais là c[e] jour-là et j'ai dit

«non, il [ne] faut pas enlever les vis»

et cette plaque, elle restera là toujours.

Un client (à La Tartine, rue de Rivoli)

Le client: [Il] y a de très bons vins, très bons vins, très bons vins et . . . une très bonne charcuterie et . . . des fromages super!

Question: Et là c'est . . . c'est quoi? l'heure du p[e]tit déjeuner? du déjeuner?

Le client: Ça, pour moi . . .

c'est l'heure du p[e]tit déjeuner . . . très tard.

Question: D'accord!

Le client: En principe c'est plus tôt, c'est 9 heures, c'est 9 heures du matin, mais là, bon, j'ai eu du travail . . .

Question: D'accord! d'accord! Et . . . mais vous v[e]nez donc régulièrement, alors?

Le client: Ah, tous les jours, tous les jours, tous les jours . . .

Question: Et vous rencontrez des gens . . . ?

Le client: Oui, bien sûr! Tout l[e] monde se rencontre.

Enfin, les gens du quartier s[e] connaissent tous, les commerçants du quartier et puis des amis qui viennent ici.

Transcription des interviews

Parce que [il] y a . . . ce café est assez réputé à Paris.

[Il] y a beaucoup d[e] gens qui viennent . . . pour le vin, comme je dis, le vin, la charcut[e]rie, les fromages

et pour se retrouver entre amis et tout ça. L'hiver, [il] y a beaucoup, beaucoup d[e] monde.

Question: C'est agréable . . . ?

Le client: Oui, c'est agréable . . . voilà, c'est ça!

Une passante (rue St. Antoine)

Marchard des fleurs: Soixante, Madame! [Il] y a vingt francs, quarante et vingt francs la b . . .

La passante: Ben, ce quartier a été un quartier célèbre.

[Il] y a eu des passages célèbres de Louis XIV sur son ch[e]val blanc . . . euh . . . [il] y a eu . . . euh . . . qu'est-ce que j[e] pourrais vous dire encore de . . . d'important?

Tout. Chaque . . . chaque maison a une histoire ici.

Il a été défiguré au XIXème par tous les commerçants

qui ont, si vous voulez . . . caché toutes les d[e]vantures . . .

[Il] y a eu des . . . [il] y a eu beaucoup de . . . de métiers qui s[e] sont installés

J[e] [ne] sais pas quoi vous dire. [Il] y a eu des l . . . des électriciens . . . [il] y a eu des tas d[e] gens comme ça

Ça a . . . ça a défiguré l[e] quartier.

Et depuis . . . alors, comme tous les gens cherchent, si vous voulez, à s'installer

tout c[e] quartier a été rebâti, a été de nouveau . . . euh . . . complèt[e]ment . . . euh . . . remis sur pied.

Question: Et . . . est-ce que c'est peut-être un peu aux dépens des gens, d[e] la population qui change?

La passante: Ah c'est certain que si! [Il] y a . . . [il] y a une nouvelle génération d[e] gens qui viennent s'installer . . .

C'est absolument . . . [il] y a des jeunes gens qui viennent s'installer, qui achètent des appartements

et alors de ce fait, si vous voulez, les commerçants changent aussi.

Parce qu'[il] y a . . . [il] y a d'autres . . . [il] y a d'autres visages, [il] y a d'autres familles . . .

d'autres . . . c'est bien ça, non? C'est bien aussi . . .

Le marchand de quatre saisons (rue St. Antoine)

Le marchand: Mais c'est la vérité, l'origine des quat[r]e saisons: c'étaient des filles qui faisaient la vie, alors Napoléon à l'époque

il leur donnait un louis de vin . . . euh . . . un louis

et puis une carte pour faire les quat[r]e saisons, en échange de leur pr . . . d[e] leur ancienne profession.

Ouais. C'est la vérité. C'était comme ça!

Question: Alors vous vendez . . . ?

Le marchand: . . . mais avant, avant i[l]s [n'] avaient pas l[e] droit d[e] stationner.

Avant ils vendaient et puis i[ls] circulaient.

C'est . . . c'est après qu'on leur a donné . . . euh . . . un poste de stationnement.

Question: Et vous vendez des produits d[e] saison uniquement?

Le marchand: On suit les quat[r]e saisons. On suit toujours les . . . les saisons . . .

Autre marchand: Pour les . . . pour les quat[r]e saisons.

Voilà! C'est les quat . . . Eh oui, ça . . . c'est les quat[r]e saisons qu'on fait! Ben, c'est . . . c'est ce qu . . .

Autre marchand: Mais l'hiver . . . mais l'hiver on [ne] travaille pas!

Le marchand: . . . ah ça! [il ne] faut pas dire ça! ça n'a rien à voir avec le . . . ça n'a rien à voir avec la . . . la profession.

On travaille . . . ça a toujours . . . [on ne] fait pas que ça maintenant . . .

Question: En c[e] moment, alors, c'est la saison de quoi alors, surtout?

Le marchand: C'est la saison des . . . des primeurs, des fruits, de . . . de tout c[e] qui s'en suit . . .

Telles que les saisons, elles se suivent, on suit . . .

Une marchande de quatre saisons (rue St. Antoine)

La marchande: Ça, c'est la Marmande, hein!

La tomate, c'est d[e] la Marmande. C'est la France.

Ça, c'est les cerises de . . . des côteaux de Lyon: c'est la lyonnaise quoi! Et là c'est la France aussi, hein!

Les abricots aussi, c'est le . . . Roussillon. La pêche, c'est le Rhône.

Et tout c[e] qu'on fait main[t]enant, c'est des produits français.

Eh . . . les clients aiment bien tout c[e] qui est français, quoi!

Oui, les fruits français, c'est les meilleurs!

La femme au livre (Place des Vosges)

Question: Pardon, Madame, j[e] peux vous poser deux ou trois questions?

La femme: Mais oui, bien sûr!

Question: Merci! alors, vous êtes . . . vous êtes du quartier?

La femme: Je suis du quartier pendant la belle-saison, parce que l'hiver j'habite à Menton.

Enfin, j'ai un p[e]tit logement par ici et . . .

c'est un coin qui m[e] plaît parce que c'est vivant, mais malgré tout, voyez, on peut . . . on peut lire tranquillement

. . . on y trouve un p[e]tit peu . . . un p[e]tit peu la province si vous voulez, je crois . . .

[je] suis aussi du quartier, puis enfin ça fait longtemps que j[e] le connais, quand même . . .

Une jeune mère (Place des Vosges)

La jeune mère: Oui, j'habite absolument à côté, là, rue des Tournelles juste la rue qui est parallèle à la Place des Vosges.

Question: Oui.

Et alors vous v[e]nez souvent ici?

La jeune mère: Pratiquement tous les jours, tous les après-midis, parce que c'est le seul endroit dans l[e] quartier où [il] y a un peu d'arbres, donc . . .

nous v[e]nons ici aussi pour le . . . le . . . le . . . enfin . . . le côté historique de la Place qui est très agréable, qui est très agréable.

Question: Vous v[e]nez avec votre petit garçon?

La jeune mère: Oui, je viens avec mon p[e]tit garçon.

qui est dev[e]nu un grand habitué de la Place des Vosges.

Question: Alors, qu'est-ce qu'il y fait à la Place des Vosges?

La jeune mère: Eh bien, il joue avec les autres enfants, il se promène, il patauge dans l'eau et dans la boue . . .

enfin, il a . . . il a une vie sociale très, très . . . développée.

La directrice de la bibliothèque Forney (Hôtel de Sens)

La directrice: Alors le . . . l'Hôtel de Sens, oui, c'est l'hôtel des archevêques de Sens.

Il a été construit . . . euh . . . à la fin du quinzième siècle par un . . . un archevêque de Sens qui s'appelait Tristan de Salazar.

En fait à l'époque . . . euh . . . le . . . l'archevêque de Sens était le primat de Gaule, c'est-à-dire le premier personnage religieux du royaume . . . et . . . donc . . . Paris n'était pas archevêché, donc euh . . . le . . . l'archevêque de Sens avait à administrer Paris au niveau religieux.

Donc il était appelé à venir très très souvent dans la capitale pour . . . régler les affaires puisque ce . . . c'était déjà Paris la capitale de la France.

Donc . . . euh . . . y . . . jusque . . . euh . . . à . . . à l'époque de . . . du dix-septième siècle, sous Louis XIV, les archevêques ont dû comme ça venir beaucoup à Paris.

Donc cette maison était tout à fait prestigieuse et c'était un hôtel de luxe et l'intérieur devait êt[r]e absolument extraordinaire.

Mais . . . euh . . . le problème c'est que . . . dès le dix-septième siècle, dès que Paris est devenu archevêché, euh . . .

cet hôtel est resté donc la propriété des archevêques de Sens . . . et du coup il est tombé tout d[e] suite en désuétude parce que en fait i[ls] n'avaient plus besoin d'y venir . . . euh . . . ni d'y résider . . .

Donc très vite ils l'ont loué et c'est devenu, dès la fin du dix-septième siècle au dix-huitième, c'est devenu un local commercial.

Donc . . . euh . . .

Question: Quel genre de commerce?

La directrice: D'abord . . . au dix-huitième siècle ça a été un . . .
une compagnie des coches d'eau puisque ça . . . c'était ici qu'[il] y avait
. . . euh . . . le . . . pour les bateaux qui allaient sur la Seine . . .
et puis euh . . . [il] y a eu aussi une entreprise de diligences qui était ici
puisque que c'était quand même bien situé . . .
et alors après, au dix-neuvième, c'est passé le . . . euh . . . bâtiment industriel
c'est-à-dire que [il] y a eu une . . . confiturerie, une verrerie, enfin euh . . .
les . . .
. . . et . . . quand la Ville de Paris l'a rach[e]té en 1910 il était euh . . . tout
à fait euh . . . presque en ruine.
Il était loué à des gens, c'est-à-dire qu'il était loti et les gens habitaient et
euh . . .
par exemple la cour était recouverte d'une verrière. Tout était . . . c'était
vraiment un . . . dans un très mauvais état.
Je peux vous donner un bouquin si vous voulez.

Question: Je l'ai acheté hier . . .

La directrice: Ah bon? Voilà . . . D'accord.

Question: Oui, ça oui, non, il est très intéressant, justement.

La directrice: Oui, [en]fin, [il] y a quelques images dessus. Voilà.
Voilà et p[u]is . . . Alors, par contre la bibliothèque Forney, elle, elle existe depuis cent ans.
On a fêté son cent[e]naire au mois de février euh . . . de . . . de cette année
. . .
. . . et . . . à l'origine . . . elle a été euh . . . donc fondée au moment où . . .
donc en 1886 c'était le moment où on croyait beaucoup à la . . . à la euh
. . . à la lecture populaire
. . . et où on essayait de . . . d'ouvrir beaucoup de bibliothèques pour les
ouvriers et . . . euh . . . elle . . . elle a été donc ouverte de cette manière.
En fait . . . Monsieur Forney, qui a donné son nom à la bibliothèque, était
un industriel qui était mort euh . . . en 1891
en . . . en léguant cent mille francs or à la ville à condition que ça serve à
l'éducation . . . euh . . . des ouvriers.
Alors la ville s'est . . . beaucoup demandé c[e] qu'elle allait faire de cet argent et elle a décidé de . . . fonder une bibliothèque.
donc qui s'est appelé la Bibliothèque d'Art et d'Industrie Forney.

Question: Donc elle a été . . . l'Hôtel de Sens . . .

La directrice: A ce moment-là elle était . . . non, non, alors . . .
Au moment où la bibliothèque a été fondée, donc . . . elle était située rue
Titon dans le XIème arrondissement

donc pas très loin d'ici mais de l'autre côté de la Bastille . . .

et euh . . . elle n'a été transportée dans l'Hôtel de Sens qu'en 1961, donc il n'y a pas très longtemps.

Et . . . la Ville de Paris a racheté l'Hôtel de Sens en 1910 et . . . en fait elle a mis plus de cinquante ans à le restaurer.

Parce que . . . [il] y a eu les deux . . . deux guerres de toute façon et . . .

. . . les travaux avaient commencé euh . . . avant . . . entre les deux guerres un peu

et puis ils ont été arrêtés par la guerre quarante et ça n'a repris qu'après la guerre quarante.

Et [il] y a eu . . . euh . . . pour l'attribution de l'Hôtel d[e] Sens, [il] y a eu des tas de . . . de possibilités toutes . . . plus farfelues les unes que les autres . . .

On a à un moment pensé y faire un musée Jeanne d'Arc; à un autre moment on pensait à y faire un musée du papier peint . . .

et, heureusement, on a réussi. Il était question depuis les années trente que la . . . que la bibliothèque Forney soit transportée dans l'Hôtel de Sens et . . .

. . . euh . . . ça a duré jusqu'en 61 . . . euh . . . la décision . . . véritable. Voilà.

Question: Et les . . . dans les p[e]tits, les p[e]tits métiers qui se sont installés dans . . . à l'intérieur de l'Hôtel, représentaient . . .

étaient représentatifs un petit peu aussi du quartier

j'imagine qu'[il] y avait beaucoup de p[e]tits commerces de c[e] genre-là aussi dans le quartier, à l'époque, au XIXème . . . siècle?

La directrice: Euh . . . dans c[e] quartier-ci?

Euh . . . ça je . . . je n[e] sais pas.

C[e] qui est sûr c'est que en . . . là pour r[e]venir rue Titon, la bibliothèque, quand elle était rue Titon, elle était en plein dans le faubourg St. Antoine

c'est-à-dire . . . au niveau des . . . là où il y avait les . . . les artisans du bois, du meuble . . .

. . . et . . . les artisans euh . . . les bronziers, enfin les décorateurs et . . .

ils avaient tous vraiment beaucoup l'habitude de venir à la bibliothèque Forney chercher leurs documents.

Et en fait . . . quand la bibliothèque Forney a été transportée dans l'Hôtel de Sens

c'est une partie de . . . de . . . de . . . de ces . . . de ces lecteurs qu'on a perdus, en fait.

I[l]s ont . . . i[l]s [n'] ont même pas traversé la Bastille pour venir de . . . à nouveau. Par cont[r]e, bon, [il] y a tous les jeunes artisans, tous les . . . qui se sont . . . peu à peu formés et qui ont . . . évidemment euh . . . remplacé euh . . . les . . . les . . .

On a encore des artisans dans nos lecteurs, mais . . . beaucoup moins que quand on était dans la rue Titon.

Question: Et alors donc, et la . . . que représente alors finalement la bibliothèque Forney pour . . .

pour les Parisiens, parce qu'elle a l'air d'être assez importante même . . .

La directrice: Je crois que . . .

Oui, euh . . . en fait on est . . . on est de plus en plus connu. Le . . .

La caractéristique de la bibliothèque Forney c'est qu'on est à la fois une

. . . une bibliothèque de recherche et une bibliothèque de prêt

c'est-à-dire que . . . euh . . . les . . . les gens ici peuvent venir emprunter des livres d'art, d'ailleurs c'est comme ça que j'ai connu la bibliothèque euh . . . j'ái été longtemps lectrice avant de travailler ici

. . . euh . . . donc venir emprunter des livres et à la fois faire des recherches sur l'art, l'artisanat, l'histoire des arts décoratifs.

Donc . . .

Question: Et ces jardins qui sont à l'extérieur . . . ils sont très beaux ces jardins à la française . . .

La directrice: Oui, c'est ça.

Question: Ils datent de quand ou . . . ?

La directrice: Moi, je crois qu'ils ont été . . . ils ont été refaits euh . . . c'est pareil, dans les années cinquante, 1950.

Et . . . euh . . . la . . . la ville a bien fait d'ailleurs, a choisi d'en faire des jardins à la française et . . .

i[l]s sont très très bien entretenus par le service des jardins de la Ville de Paris

qui change les . . . les plantes . . . oh j[e] [ne] sais pas euh . . . quelquefois une fois par mois . . . C'est vraiment très très . . . Et il est toujours très ad-miré, ce jardin.

Question: Et est-ce que vous pensez . . . son nom c'est pas . . . ça représente quelque chose pour les gens du quartier, l'Hôtel de Sens en particulier, ou pas . . .

pas vraiment pour les gens du quartier?

La directrice: Non, les gens du quartier ils le connaissent en tant qu'Hôtel de Sens, mais euh . . . ça n'est pas pour ça qu'i[l]s viennent à la bibliothèque Forney.

Ils savent que c'est l'Hôtel de Sens euh . . . pourtant c[e] [n'] est pas très bien indiqué, d'ailleurs j'aimerais bien que ce soit mieux indiqué, mais euh . . .

ils, non, j'ai déjà entendu des gens qui habitaient à deux pas qui disaient: «Ah c'est un . . . c'est un musée» euh . . .

[en]fin des choses comme ça et en fait i[l]s [n'] y avaient jamais mis les pieds.

Par cont[re] la bibliothèque Forney euh . . . est connue de tous les Parisiens qui s'intéressent à l'art, hein, bien sûr.

Donc c'est un point de rencontre euh . . . assez intéressant et . . .

on fait quatre expositions par an qui sont de plus en plus connues et de plus en plus appréciées euh . . . du public.

On a une collection de papiers peints anciens, une collection d'affiches anciennes, une . . . en plus de nos cent cinquante mille oeuv . . . livres . . . et euh . . . c'est vraiment maintenant un . . . un lieu important pour la recherche artistique.

Question: Très bien. Alors donc c'est, en fait c'est . . . c'est . . . l'Hôtel de Sens [mainte]nant abrite exclusivement . . .

La directrice: Oui, oui. Il n'y a que les . . . tous les . . . bâti . . . enfin, tous les gens d[e] la bibliothèque Forney, [en]fin tous nos services.

En tout il y a soixante-dix personnes qui travaillent ici.

Une famille (le père, la mère, et la fille, Place des Vosges)

La mère: Oui, nous habitons l[e] quartier et c'est un endroit agréable. C'est . . .

[il] [n'] y a pas tellement de verdure dans c[e] quartier. [Il] y a beaucoup de très beaux monuments historiques

mais pas tellement d[e] verdure, donc celui-ci en est un et . . . on vient, voilà!

(silence)

Rien, vous savez, quand on vient là . . . c'est un peu pour la détente et . . .

d'abord parce que le . . . la place elle-même est superbe

à tous les moments de l'année et de la journée. Voilà, c'est tout!

Question: Vous y v[e]nez régulièrement?

La mère: Oh oui, très régulièrement. De plus, parce que nous avons une petite-fille

qui est aux jeux de sable là, et donc on vient.

C'est un endroit pour les enfants également. Voilà!

(silence)

Le père: Ben, je vous dirais la même chose, non, je vous dirais exactement . . . J'y viens beaucoup moins que mon épouse.

Tous les quartiers disparaissent.

Comme l'immeuble disparaît: comme la vie . . . euh . . . la vie dans les immeubles disparaît . . . euh . . .

La fille: Absolument!

Le père: Euh . . . le . . . le . . . le

La mère: Le Marais notamment . . . c[e] qu'on appelle le Marais maintenant.

La fille: Mais c'est une question de . . .

Le père: Enfin, le Marais . . . tous les quartiers

Tous les quartiers populaires . . .

La mère: C'est . . . c'est . . .

Le père: Euh . . . euh . . . en . . . en . . .

La fille: C'est une question de mutation sociale, tout simplement . . .

Le père: En . . . en . . . en quarante ans

Euh . . . les choses ont complètement changé . . .

La fille: . . . et dans dix ans, tout Paris ne s[e]ra, à la limite, qu'un grand quartier

occupé uniquement par les gens qui auront les moyens de l[e] faire.

Et tous les autres, eh bien, i[l]s habiteront la banlieue. C'est tout simple!

[Il] [n'] y aura plus ni quartier populaire, ni quartier riche, ni rien, [il] y

aura Paris, tout simplement et . . .

euh . . . et ça s[e]ra un luxe d'y habiter.

Le père: C[e] qui est curieux c'est qu'on . . . on retrouve . . .

. . . on retrouve la sensation de quartier uniquement dans les endroits

qui sont habités maint[e]nant par les minorités.

La fille: Voilà! Exactement!

. . . Voilà.

Question: Par exemple?

Le père: Par exemple, vous en avez un typique, à côté, à . . . à deux cent

mètres d'ici . . .

La fille: Par exemple la Place d'Alligre . . .

dans l[e] XIIème arrondissement . . .

Le père: Par exemple la Place d'Alligre dans l[e] XIIème . . .

euh . . . la rue des Rosiers, la rue des Ecouffes qui est là, à côté . . . euh

. . .

La mère: . . . qui sont encore très vivantes et . . . C'est vraiment le

quartier.

Là maint[e]nant . . .

Le père: . . . qui en son temps a été un autre quartier, qui a été aussi un

piège, d'ailleurs . . .

enfin ça c'est une autre histoire . . .

et on retrouve le quartier uniquement dans ces endroits qui . . . enfin à

mon avis

qui sont habités par les minorités, quelles qu'elles soient d'ailleurs . . .

euh . . .

euh . . . religieuses . . . euh . . . raciales . . .

La fille: Ethniques . . .

Le père: . . . ou ethniques.

On les retrouve uniquement . . . Sinon . . . euh . . . tous les autres endroits

. . . euh . . . perdent leur identité . . . si . . .

pour autant qu'ils en aient une.

Particulièrement les quartiers rénovés.

La mère: Comme c'est l[e] cas par ici.

Le père: Comme c'est l[e] cas ici!

La mère: Dans ces quartiers là, comme maint[e]nant, dans la rue des Francs-Bourgeois, là où j'habite,

i[l] n'y a plus que un boucher, i[l] n'y a plus du tout d[e] commerçants. Tous les commerçants sont là-bas de l'autre côté . . . bon, à St.-Paul, i[l]s y sont

mais par ici tous les commerçants sont partis au profit de commerces de luxe ou de tourisme . . .

Le père: . . . ou spécialisés . . . euh . . .

La mère: . . . spécialisés . . .

La fille: Mais pour . . . pour la vie du quartier, une galerie d'art ne remplacera jamais un cordonnier. C'est tout!